U0131681

婚姻家庭 继承 侵权 人格权 物权 合同

LAW

一个
懂法律的朋友
LAW

王 聪 著

台海出版社

图书在版编目（CIP）数据

一个懂法律的朋友 / 王聪著 . -- 北京：台海出版
社 , 2021.12

ISBN 978-7-5168-1908-1

Ⅰ . ①一… Ⅱ . ①王… Ⅲ . ①法律—中国—通俗读物
Ⅳ . ① D920.4

中国版本图书馆 CIP 数据核字（2021）第 232734 号

一个懂法律的朋友

著　　者：王　聪

出 版 人：蔡　旭　　　　　　　　装帧设计：天之赋 设计室 QQ:81628227
责任编辑：姚红梅

出版发行：台海出版社
地　　址：北京市东城区景山东街 20 号　　邮政编码：100009
电　　话：010-64041652（发行，邮购）
传　　真：010-84045799（总编室）
网　　址：www.taimeng.org.cn/thcbs/default.htm
E - m a i l：thcbs@126.com

经　　销：全国各地新华书店
印　　刷：三河市祥达印刷包装有限公司
本书如有破损、缺页、装订错误，请与本社联系调换

开　　本：710 毫米 × 1000 毫米　　　1/16
字　　数：218 千字　　　　　　　　　印　　张：17
版　　次：2021 年 12 月第 1 版　　　印　　次：2022 年 2 月第 1 次印刷
书　　号：ISBN 978-7-5168-1908-1

定　　价：49.80 元

前言
Preface

随着社会文明的不断提高和国家法律的日臻完善，我们每个人越来越能感受到法律的重要性。法律看似离我们很远，其实就在我们身边。也许一不小心我们就会侵犯别人的合法权益，或者自身的合法权益被别人所侵犯。我们每个人都应该知法、懂法、守法，当合法权益受到侵犯的时候，应该学会用法律保护自己。

2021 年 1 月 1 日开始施行的《中华人民共和国民法典》被称为"社会生活百科全书"，是中华人民共和国第一部以"法典"命名的法律，在法律体系中居于基础性地位，也是市场经济的基本法。

《中华人民共和国民法典》的施行是我国法制建设史上的一个里程碑，对于推进国家治理体系和治理能力的现代化、不断满足广大人民群众对美好生活的向往，具有重要的意义。

《一个懂法律的朋友》一书以《中华人民共和国民法典》等法律法规为蓝本，分别从婚姻家庭、继承、侵权、人格权、物权、合同等方面，为读者展现了发生在我们身边的形形色色的法律案例。法律条文虽枯燥，案例却鲜活。通过对这些案例的深刻剖析，以及附上案例涉及的相关法律条文、法院有关判决，不仅让读者了解判决结果，而且也知道了这样判决的原因。

全书以案释法，语言深入浅出、知识简明易懂，就像身边有一个懂法律的朋友，亲切自然，娓娓道来。

目　录
Contents

CHAPTER 2 │ 继 承

CHAPTER 3 | 侵 权

CHAPTER 4 ｜ 人格权

CHAPTER 5 ｜ 物 权

CHAPTER 6 ｜合　同

CHAPTER 1

婚姻家庭

婚姻不成彩礼怎么办

在我国，结婚送彩礼是普遍现象。如果送了彩礼，婚姻却没有成功，彩礼还能退回吗？

李某 30 多岁，经历过一次失败的婚姻。后来，通过相亲，又认识了 25 岁的年轻女孩小玲。家人东挪西借凑了 10 万元的彩礼钱，几经波折终于定下了婚期。

订婚当日，李某交给小玲的母亲礼金 52800 元，并给小玲买了戒指、手镯、项链和吊坠各一枚，共计 26268 元。小玲家也返还李某家礼金 20800 元。同时，李某还送了小玲家亲戚一定的礼金礼品，其亲戚也礼尚往来，进行一定的回赠。

一家人满心欢喜，没想到婚期将近却出了差错。这天一大早，李某就开始打不通未婚妻的电话了，电话中反反复复传来的都是"您所拨打的电话已关机"的声音。

因为上着班，李某想一下班就去找找，结果下午给小玲的弟弟打电话询问小玲下落时，却得到了一个惊人消息。小玲弟弟说，他接到一条陌生信息："你们家很有钱，明天 6 点前准备 20 万元钱送到三十四中，如果少一分钱或敢报警，就要人命一条了。"

得知消息，李某心急如焚，立即到当地派出所报警。当地公安分局抽调刑警和辖区派出所迅速成立了绑架案专案组，各项调查和走访工作迅速有条不紊地展开。

经过初步调查，问题一点点凸显出来：中午还在家中和父母聊天的小玲怎么大白天被人绑架呢？小玲生活在一个外来务工家庭，未婚夫家也略显拮据，绑架这样一个未婚女青年会有收获吗？声称绑匪的未知电话短信息怎么会发到小玲弟弟的手机上呢？

民警没有放过一丝疑点，从李某和小玲相处、小玲家人的访问和小玲弟弟的询问入手。小玲的家人道出了心中的疑虑，女儿被绑架的可能性不是很大，因为女儿衣物在其失踪的同时也少了许多。

这时，小玲的弟弟又陆续收到了几条信息。原来，这是小玲为了逃避婚姻自编自演的一出闹剧。

小玲与李某成为男女朋友后，并不想那么早就把自己嫁出去。可是李某的父母和李某却频频催促婚事，特别是在李某家付了一部分彩礼钱后，小玲只得半推半就地和李某订了婚。

但是，小玲很快就后悔了。可是哭哭啼啼的母亲和骂骂咧咧的父亲，还有李某家送来的彩礼钱都让小玲很为难。于是，她产生了离家出走的想法，并试图通过自导自演的绑架案，让家境拮据的李某及其家人知难而退，同时也没有任何理由到自己家去索要彩礼钱。

得知这些后，民警一面要小玲的弟弟用电话安抚小玲，一面驾车疾驰，终于在某宾馆找到了小玲。小玲找到了，可是事情并没有解决，她死活不愿意与李某结婚。

李某无奈，只好提出与小玲分手。可是，两家人在协商退还礼金时，因为意见不一致而产生争执。双方调解无果，李某只好求助法律。

《最高人民法院关于适用〈中华人民共和国民法典〉婚姻家庭编的解释（一）》中规定，当事人请求返还按照习俗给付的彩礼的，如果查明属于以下情形，人民法院应当予以支持：（一）双方未办理结婚登记手续；（二）双方办理结婚登记手续但确未共同生活；（三）婚前给付并导致给付人生活困难。

在本案中，原告李某与被告小玲未办理结婚登记手续，故对原告要求被告返还彩礼的请求，法院依法予以支持。一审判决后，小玲及其父母上诉至上级法院，上级法院作出终审判决，驳回上诉，维持原判。

｜随　感｜

婚前给付彩礼的习俗虽然逐渐在快节奏的都市生活中淡去了，但是在农村还相当盛行，已经形成了当地的一种习俗，并且还有着较为统一的标准，甚至礼金数额呈逐年上升的趋势。

在动辄上万甚至数十万的"天价彩礼"时代，它愈来愈失去了原本的礼仪之美而变得世俗，进而变成了一种沉重的负担。有的家庭为了给付彩礼，不得不全家举债，导致生活苦不堪言。

如果双方最终未能结婚，那么就会发生彩礼返还的纠纷。有的离婚案件的当事人，在女方提出离婚时，男方也往往会提出彩礼返还的要求。因此，彩礼问题，非常值得我们认真思考。

青春损失费谁来补偿

男女双方分手时，一方自觉为对方付出较多，希望对方对自己的青春损失、精神损失等进行一定经济上的补偿，这能够得到法律支持吗？

高明豪是一个南方小伙子，一次应朋友之约，来到北方某漂流度假胜地，希望能够感受一下北方的清凉。虽然一路颠簸，但是登上橡皮筏子的那一刻，他顿感疲劳全无。

就在高明豪等人在一个转弯处等着后面刚才对自己挑衅过的筏子靠近，准备"报复"时，突然听到后面筏子传来"有人落水"的尖叫声。

听到喊声的这一刻，水性好的高明豪就一个猛子扎到了水里去救人。落水的是个女孩，一看就是完全不会游泳。高明豪奋力游过去，一边拉住女孩，一边往筏子边靠拢。众人齐心合力，最终将两人拉上了筏子，女孩惊魂未定，好一会儿才红着脸很不好意思地向高明豪道谢。女孩介绍自己叫杨莉莉，刚才看到前面有筏子等着要攻击自己乘的筏子，就想先下筏子躲一躲，却没想到落入了水中。

高明豪笑了一下说："那看来我还真有义务要把你救上来了，我就是前面船上那个领头的，你这是躲我才落水的呀，没想到最后还是上了我的贼船！"

高明豪有意无意的一句话，把刚才还丢了魂儿一样的杨莉莉给逗笑了，她觉得自己真是碰上了缘分，真是遇上了白马王子，不觉心跳脸红了起来。

这场意外相识后，两个年轻人很快互生好感，就确立了恋爱关系。虽然两个青年人相隔千里，但是距离反而让他们更加珍惜相聚的时光。高明豪每个月都会飞来杨莉莉的城市陪她逛街、约会，甜甜蜜蜜地度过许多周末时光。

然而就在二人沉浸在热恋的时候，一个小插曲却让他们的关系产生了裂痕。杨莉莉发现自己怀孕了，而且糟糕的是她几天前患了肺炎，在医院打了几天的点滴，还拍了胸片、CT。她便埋怨自己粗心大意，怎么就没有发觉怀孕呢？就一边问高明豪："这对孩子会有影响吗？"

高明豪劝杨莉莉打掉孩子，他说："我们本身也没什么计划，医生也不敢保证会不会受你吃药的影响，咱们最好还是打掉孩子吧！"

杨莉莉不愿意，高明豪安慰她，并承诺年底就操办婚事，结婚后再生一个健康的宝宝，杨莉莉这才同意。没有想到，手术后的第二天，高明豪就接到单位电话，说有一个工厂的机器出了事故，领导叫他赶紧到现场去看看。

更糟糕的是，一周过去了，杨莉莉没有等来高明豪的一个电话和问候。她终于情绪爆发，给高明豪打电话大骂他没良心。高明豪赶紧解释说，工程出现了大问题，他真是连睡觉的时间都没有，并不是特意不联系她的。

可是杨莉莉不管这些，她撕心裂肺地哭喊着要和高明豪分手，还要高明豪赔她的孩子。高明豪当晚连夜坐飞机赶往杨莉莉家，向她道歉。还说等过几天就是小长假了，到时候就带着她出门旅游散心。

杨莉莉这才平静了下来。可是就在两人准备旅游的时候，高明豪说，又接到了单位电话，还是由于上次的工程问题，这个小长假他要加班，两个人的旅游计划恐怕要泡汤了。

期待已久的旅行忽然没有了，这让杨莉莉彻底崩溃，她在电话里、微信里对着高明豪哭闹不止，甚至威胁要自杀。高明豪心力交瘁，后悔当初和杨莉莉交往有点太草率了，所以在杨莉莉又一次提出分手时，他竟然没有反对。

高明豪这次没有服软，杨莉莉吃了一惊，只好说："你以为说分就能分吗？我为了你受了那么大的罪，要分你也得赔我青春损失费！"

高明豪平静地问杨莉莉说："你要多少？"

杨莉莉想了一下说："那就 15 万元，反正你给我带来的痛苦远不止这个数。"

高明豪同意了，但是他说手头没有那么多钱。杨莉莉怕他过后赖账，就让他给自己写了一张欠条。高明豪按着杨莉莉的要求给她出具了一张 15 万元的借条，并约定三个月后全部偿还完毕。

一个月后，高明豪支付了其中的 5 万元。但是在此期间，他因为上次的工程问题最终被公司开除了，所以剩余的 10 万元无力支付。可是让他没有想到的是，不久杨莉莉竟然将他起诉到了法院。

高明豪拿着法院的传票气愤不已，他认为，青春损失费本来就是不合法的，也根本不具有法律效力，自己不仅不应该继续付钱，杨莉莉还应该将已经收到的 5 万元还回来。

根据《中华人民共和国民法典》第八条规定，民事主体从事民事活动，不得违反法律，不得违背公序良俗。第一百五十三条第二款规定，违背公序良俗的民事法律行为无效。

法院调解时认为，这份借条事实上是基于非法同居关系而产生的"分手费"，双方并不存在真实的借贷关系，而且违背公序良俗，属于无效的民事法律行为。但是如果另一方自愿支付这笔费用，财产交付已经完成，也无权再提出撤销。

另外，根据《中华人民共和国民法典》第一千一百八十六条规定，受害人和行为人对损害的发生都没有过错的，依照法律的规定由双方分担损失。

杨莉莉在与高明豪同居期间怀孕并人工流产，对杨莉莉身体确实造成了一定伤害，在双方都不存在过错的前提下，可以要求男方酌情承担部分费用，对女方进行适当补偿。

最终，法院判定，杨莉莉所持借条无效；高明豪已经支付的 5 万元属于财产赠予，撤销请求不予支持。

随 感

在社会上，男女双方在订立婚约或恋爱期间发生性行为或者同居的现象比较普遍。但是性行为或同居行为，可能对双方造成直接损害，尤其对女方，可能导致其怀孕和流产等。

除此以外，在此种情况下分手对于无过错方的精神，也是一种巨大的打击。所以，一旦双方分手，受到损害方要求对方赔偿损失，就成为一种常见的行为。

然而，从法律上来看，这种索要青春损失费的行为并没有任何法律依据。况且，青春双方都有，双方会受到损失，不是只有一方受损失。在司法实践中，即使一方提起了诉讼，人民法院对其提出的赔偿请求，一般也不会予以支持。

杨莉莉未婚怀孕，她也应该对自己的行为进行深刻反思。这也提醒广大未婚女青年，身体是自己的，一定要学会自我保护，不要在婚前随便与人同居。

虽然青春损失费不受法律保护，但是如果另一方自愿支付，且不损害其他人的利益，法律也不禁止。而且如果自愿支付方已经完成，也不能以青春损失费不受法律保护为由要求接受方返还。

然而，在属于"有配偶者与他人同居"的情形下，即使已经支付了，如果是用夫妻共同财产支付的，那么支付方的配偶是有权起诉请求返还的。

因为婚外情进了监狱

现实生活中，很少会听说有人因为出轨而进监狱的。如果有人仅仅因为一次出轨就被抓进了监狱，一定会让人想知道，这是为什么呢？

刘某与冯某是朋友关系，两人均有妻室，但是冯某与刘某的妻子郭某长期存在不正当的男女关系。刘某经过长期跟踪调查，终于在某酒店将两个人捉奸在床。

刘某认为，冯某的行为已严重侵犯自己的人格尊严，破坏了自己与配偶的合法关系，是一种直接故意的侵犯行为。冯某与郭某的通奸行为干扰了刘某的正常生活和良好的心理状态，给他造成了明显的精神损害。

刘某将冯某与妻子郭某起诉到法院，要求责令冯某立即停止侵权并当面向自己赔礼，出具书面道歉信函；并判令冯某赔偿自己精神损害抚慰金 5 万元。

根据《中华人民共和国民法典》第一千零四十三条规定，家庭应当树立优良家风，弘扬家庭美德，重视家庭文明建设。夫妻应当互相忠实，互相尊重，互相关爱；家庭成员应当敬老爱幼，互相帮助，维护平等、和睦、文明的婚姻家庭关系。

冯某与郭某通奸，违背了夫妻应当相互忠实的原则，的确是应该谴责的。但是在我国法律中，通奸并不是犯罪，因为我国刑法及相关的法律中没有对通奸作出定罪的规定。

法院审理后最终认为，配偶与婚外异性发生不正当性行为是属道德规范调整的范畴，受道德规范所谴责，但不具有强制力。因此，刘某的诉求法院不予支持。

与冯某犯了一类错误的潘某就没那么"幸运"了。初夏的一天，潘某在一次饭局上与麻某相识，二人很聊得来，便互相留了联系方式。

在后续交往过程中，潘某与麻某逐渐产生好感，在一次见面时发生了性关系。后来，潘某得知麻某的丈夫是现役军人，但仍然继续同麻某保持联系。

麻某的丈夫得知情况后，将潘某与麻某告上法庭。依据《中华人民共和国刑法》第二百五十九条规定，明知是现役军人的配偶而与之同居或者结婚的，处三年以下有期徒刑或者拘役。利用职权、从属关系，以胁迫手段奸淫现役军人的妻子的，依照本法第二百三十六条的规定定罪处罚。

法院审理认为，潘某强明知麻某是现役军人配偶而与之通奸，其行为破坏了军人的婚姻家庭，造成军人夫妻关系破裂，已构成破坏军婚罪。潘某归案后如实供述了自己的犯罪事实，法院依法判处其有期徒刑六个月。

｜随　感｜

虽然人们常说"爱情没有先来后到"，但是却有礼义廉耻。这不仅是一个道德问题，也是一个法律问题。虽然一般情况下，双方自愿发生性关系，不构成犯罪，但是如果出现强奸、重婚或者破坏军婚等行为，依然会遭到法律严惩。

另外，即使不能证明对方有严重的重婚或同居行为，如果能够证明对方有出轨、通奸、嫖娼、婚外生子等行为，在离婚时受害方依然可以要求赔偿。

夫妻一场怎能甩手不管

夫妻之间互相扶养是公民法定的义务。如果一方患病，或是丧失劳动能力的情况下，有扶养能力的一方却拒绝履行扶养义务，应该怎么办呢？

莉莉与小刘虽然是由朋友介绍通过相亲认识的，但是两人非常投缘，也算是具有共同语言和三观相合的。因此，两个年轻人相知相识相恋，不到一年时间，便到民政局登记结婚，高高兴兴地走进了婚姻的殿堂。

小两口充满了幸福的希望和憧憬，结婚不久莉莉就怀孕了，夫妻两人非常高兴，做好了迎接孩子到来的一切准备。但是，由于莉莉走路不慎摔倒了，直接导致了流产，使得夫妻俩的希望一下化为了泡影。

由于莉莉第一次流产落下的后遗症，后来她两次怀孕都发生了生理性流产，后来又因为宫外孕手术切除了一根输卵管。

结婚五年，一直连个孩子都没有，刘家人虽然嘴上没说什么，但是心里特别不痛快。莉莉的多次生理性流产，让小刘认为莉莉的身体不好，如今又切掉了一根输卵管，那么怀孕就更加困难了。

小刘认为，莉莉已经30岁了，即使今后能够怀上孩子，孩子能不能平安出生也是个问题。接二连三的打击，让小刘总是胡思乱想，夫妻之间便不时发生一些矛盾，使得小刘逐渐有了离婚再娶的念头，只是嘴上一直没有说出来而已。

莉莉已经察觉到了丈夫的变化，猜想如果自己再不能怀孕，丈夫也许就要跟自己离婚了。但是，莉莉还是抱有一线希望，认为孩子不应该是婚姻的全部，或许他们夫妻俩就是一个美好的二人家庭，可以说也算是丁克一族了。

然而，事实打碎了莉莉的幻想。她被查出患有肿瘤，在省里一家医院进行了手术，出院后她遵照医生的建议，留在了医院附近的姑姑家里休养。

在此期间，小刘不仅没有去医院照顾莉莉，就连莉莉出院休养期间也没有去探望过，仅仅是公公在莉莉住院期间送去了 15000 元的医疗费。

这几个月治疗休养期间，莉莉前前后后花费了 175000 元，除去公公送的 15000 元和医疗保险报销的 30600 元，其余花销都是莉莉的积蓄和从亲朋好友那里借的钱。

丈夫对于自己的不闻不问，让莉莉逐渐心灰意冷。为了自己的尊严，莉莉提出了离婚。莉莉开始翻阅法律条款，尝试找到保障自己利益的各种途径。

《中华人民共和国民法典》第一千零五十九条规定，夫妻有相互扶养的义务。需要扶养的一方，在另一方不履行扶养义务时，有要求其给付扶养费的权利。

找到法律支持后，莉莉向法院起诉离婚，要求丈夫支付自己的治疗费和营养费等。

在法庭上，被告小刘对于自己没有照顾和探望妻子的事实没有否认，但是，对于妻子的扶养费，他却辩称自己负债将近 30 万元，没有给付能力，无法履行扶养义务。然而，对于负债的原因和资金的去向，却没有一个合理的解释。

经过法院调查，被告小刘确实存在大额的负债，但是大部分债务是两个月前用于置换名下轿车的贷款。事实与小刘陈述的情况相违背，因此法院对于被告辩称没有履行能力的理由不予采纳，被告小刘应当履行扶养义务。

莉莉和小刘从恋爱到结婚，夫妻感情本来一直较好，共同生活中也能够做到相互体贴，两人的婚姻是从妻子切除输卵管手术以后才开始变质的。

在莉莉生病住院期间以及出院休养时，小刘不仅把妻子抛在一边，还有心思置换高级轿车以"享受生活"，这明显就是没想把家庭生活好好过下去。

法院依照《中华人民共和国民法典》的规定，最终判决：对于被告小刘不扶养妻子的行为予以批评；原告莉莉的治疗所负债务属于夫妻共同债务，结合原告莉莉的实际开支和被告小刘的履行能力，被告小刘给付原告莉莉医疗费用 80000 元；宣判二人离婚，共同财产按比例进行分割。法院宣判后，被告小刘未提出上诉，判决生效。

｜随　感｜

现实生活中，丈夫与妻子作为一个命运共同体，在遭遇人生变故时，理应风雨同舟、祸福同当、相互扶持，这才是幸福婚姻的真谛。

夫妻双方的扶养义务和接受扶养的权利都是平等的。有扶养能力的一方必须自觉履行这一义务，特别是在对方生病、丧失劳动能力的情况下，如果一方拒不履行扶养义务，对方有权通过调解或诉讼程序要求对方给付扶养费。

莉莉因为患病而在经济上处于困难的状态，而她的丈夫小刘却具有一定的支付能力。因此，小刘应当依法给付莉莉相应的扶养费用。

这样的爱情我"买"不起

夫妻一方提出离婚，属于夫妻个人的债务，另一方是否应该承担偿还的义务呢？

小倩是个青春靓丽的女孩儿，大学刚刚毕业就找到了一份十分体面的工作，还认识了幽默风趣、前途可期的小郑。

两人相恋的时候，双方父母都很喜欢对方，在朋友眼中他们也是郎才女貌、天作之合。

两年后，小倩和小郑在双方亲朋好友的祝福中结成夫妻。小郑收入颇丰，婚前就有车有房，小两口日子过得美满幸福。

也许正是因为小倩物质生活提高了，使得她越来越向往更高档、更精致的生活，购买名牌奢侈品，出入高档娱乐会所，这些都让她欲罢不能。

久而久之，她花钱越来越阔绰，消费小郑工资卡、透支自己银行卡、向网络平台借贷……总之，消费早已超过了实际收入，债务越滚越多，入不敷出，资金的窟窿是越来越大。

起初小郑接到银行卡消费短信时并没有太在意，可是后来越来越频繁，数目也越来越大。这天，小郑坐下来好好清算了一下账单，才发现很多开销都对不上账。

这些账单使小郑越算越心慌，终于忍不住责问小倩。小倩对小郑摊牌，承认是自己消费的，而且她已经欠下了15万元的债务。

小郑听后心头一惊。好在这些并没有给小郑造成太大打击，冷静下来后，他想自己先把债务还上，只要多引导小倩就会好的。

可是，就在小郑帮着小倩还上 15 万元欠款的时候，竟然发现她还有 20 万元的债务，而且大部分是在两人摊牌以后产生的。

这时候，小郑如遭雷击，他觉得自己无法满足妻子的虚荣心，也无力偿还妻子的债务，于是他提出了离婚。

小郑对妻子的感情，就这样被小倩"消费"没了。曾经那么要好的两人，他们的爱情最终败在了小倩的虚荣追求上。

看到小郑坚决的态度，小倩感觉婚姻已经没有再继续下去的可能了，于是只好同意离婚，但是要求小郑与自己共同承担 20 万元的债务。

小郑觉得小倩的想法简直幼稚可笑，因为根据《中华人民共和国民法典》的相关规定，婚姻期间的债务并不都是夫妻共同债务，另外还有夫妻个人债务。

《中华人民共和国民法典》第一千零六十四条明确规定，夫妻双方共同签名或者夫妻一方事后追认等共同意思表示所负的债务，以及夫妻一方在婚姻关系存续期间以个人名义为家庭日常生活需要所负的债务，属于夫妻共同债务。夫妻一方在婚姻关系存续期间以个人名义超出家庭日常生活需要所负的债务，不属于夫妻共同债务。但是，债权人能够证明该债务用于夫妻共同生活、共同生产经营或者基于夫妻双方共同意思表示的除外。

很明显，小倩的债务都是她自己挥霍造成的，所以不应该由小郑承担，而且他已经帮小倩还了 15 万元，算是已经尽到丈夫的责任了。小倩连这种无理要求也能说出口，小郑认为她已经掉入了买买买的怪圈，自己及早抽身才是上策，否则自己的家底儿都会被她败光。

根据小郑和小倩的情况，律师向小倩说明了什么是夫妻个人债务的问题。根据小倩的账单，她的消费并没有用在家庭生活或者其他家庭成员身上，都是自己购买奢侈品的费用和娱乐消费等。

而且根据夫妻二人的收入情况来看，她的消费水平已经远远超出了收入能力，属于不合理的开支。所以，这些账单属于夫妻个人债务，小郑没有偿还的责任。

根据律师的说明和调解，小倩放弃了分摊债务的想法，也意识到了自己的心理问题。小郑念在曾经夫妻感情的分上，表示自己不会追究之前替小倩偿还的 15 万元欠款。在律师的协助下，两人拟定好了《离婚协议书》，第二天就顺利地到民政局签字离婚了。

| 随 感 |

小倩这种情况为许多人敲响了警钟。在现实生活中，很多人分不清夫妻共同债务和夫妻个人债务有什么区别。

简单地说，夫妻共同债务是指经过夫妻协商或者认定的，主要是基于夫妻家庭共同生活的需要，以及对共有财产的管理、使用、收益和处分而产生的债务。而瞒着夫妻一方向他人借钱或者用于个人所产生的债务，属于夫妻个人债务。

如果婚姻续存关系期间，财产和债务都平摊，这对利益受损一方是非常不公平的。

夫妻个人财产不能平分

夫或妻一方提出离婚，属于个人的财产，另一方是否应该平分呢？

王先生和吴女士结婚十几年了，日子一直过得和睦幸福，什么事情都是两人商量着来，也很少有吵架拌嘴的时候。但是，一份遗嘱打破了平静的日子。

王先生的父亲在遗嘱中明确写到，他去世后，留下的50万元归王先生个人所有。

可是，吴女士也惦记上了这笔钱。前些日子，由于她炒股亏了钱，就想动用这50万元来捞本。她与王先生商量的时候，王先生以股市就是无底洞，一定会血本无归为由拒绝了她。

为了50万元钱，夫妻二人一直争吵不休，导致感情破裂。吴女士甚至起诉离婚，并要求分割这笔财产。

然而，吴女士的诉讼请求到了律师这里，律师给她阐述了《中华人民共和国民法典》第一千零六十三条的相关规定。根据规定，下列财产为夫妻一方的个人财产：（一）一方的婚前财产；（二）一方因受到人身损害获得的赔偿或者补偿；（三）遗嘱或者赠与合同中确定只归一方的财产；（四）一方专用的生活用品；（五）其他应当归一方的财产。所以，律师明确告诉她肯定败诉。

由于王先生父亲的遗嘱是合法有效的，所以王先生这种情况符合民法典第一千零六十三条第三款的规定，遗嘱中已经明确说明了财产归王先生个人所有，就算离婚吴女士也无权分割。吴女士原以为通过离婚可以平分50万元的遗产，结果她一分也得不到。

这条法律，我国借鉴了国外的立法经验，将婚后遗嘱或赠与合同中明确规定继承者的财产作为夫妻个人财产。

立法的初衷即体现了法律对于遗嘱人或者赠与人意愿的尊重，也充分保护了夫或妻一方的个人利益，避免夫或妻一方在婚姻生活中失去财产上的独立人格。

同时，律师也奉劝吴女士，夫妻之间由于经济问题闹离婚的屡见不鲜，但是绝大多数都是因为冲动导致。况且，股市确实是个无底洞，对于中小股民来讲，赔的比赚的多，王先生的担心确实在情理之中。吴女士的确应该冷静下来，股市有风险，切不可为了蝇头小利而深陷其中，尽早抽身才是上策。

鉴于律师的普法教育和衷心规劝，吴女士也逐渐冷静了下来，细细思考自己的种种行为。在没钱的时候，吴女士与丈夫总是想着努力赚钱，夫妻俩的日子总是蒸蒸日上。怎么多了50万元，却越来越不知足了呢？

冷静下来的吴女士撤回了离婚诉讼请求，重新开始审视自己的婚姻生活，表示愿意与丈夫一起重新好好地过日子。

随 感

❖

吴女士知道遗嘱上规定的50万元钱归王先生个人所有，但是她却不知道即使是离婚，这笔钱自己也分不到，所以才将事情闹得沸沸扬扬。

随着法律的不断完善和改进，更加具体明确和保护了夫或妻一方的利益。因此，这里有必要解释一下什么是夫妻个人财产。

一是婚前财产。包括个人所有的财产；一方婚前已经取得的财产权利；婚前财产的孳息，包括个人财产婚前孳息和婚前个人财产婚后产生的孳息；一方婚前以货币、股权等形式存在，而婚后表现为另一形态的财产。

二是一方因身体受到伤害获得的赔偿。包括医药费、残疾人生活补助费等费用。这种赔偿费用具有严格的人身性质，是用于保障受害人生活的基本费用，只能作为一方的个人财产。

三是一方专用的生活用品，如衣物、鞋帽、化妆品以及其他专用物品等。

四是其他应当归一方的财产。这是夫妻个人财产的一个兜底条款，是指法律不宜也难以穷尽的具有人身性质的财产，应当属于夫妻个人的财产。

彩礼、嫁妆和钻戒归谁

彩礼、嫁妆、钻戒是夫妻结婚时的必要准备，但是很多人面临离婚的时候，就会后悔当初送出去的太多。那么，这类财产又该如何分割呢？

小于在大学时便和同学小龙开始交往，毕业后两人一起在大城市打拼。工作不到一年的时间，小于便怀孕了。小龙非常高兴，便和父母一起向于家提亲，同时带来 66000 元彩礼。

于家也很乐意这门亲事，两天后两人便在家乡登记结婚。由于小于已经怀孕，所以两家决定一年后再补办婚礼。

由于两人还要在大城市生活，小于又怀孕了，经济压力一定很大，所以，小于的父母当着亲家的面，将 5 万元作为嫁妆，交到了小两口手中。并且许诺，还会为小于置办嫁妆。

此后，小于父母陆陆续续为小两口的出租屋添置了大约 3 万元的家具家电，并说作为嫁妆。

一年后，婚礼如期举行。在婚礼上，小龙还为小于准备了一个惊喜：前不久，他悄悄花 1 万元购买了一枚钻戒。在婚礼现场，小龙亲自为小于戴上钻戒，小于流下了幸福的泪水。

生下孩子后，由于照顾孩子的问题，小于便辞去工作，成了一名家庭主妇。大城市的生活并不容易。小龙起早贪黑工作，连周末的时间都很少。小于也没有闲着，照顾孩子、操持家务，逢年过节回到老家，还要代替家中的哥哥嫂子照顾老人。

这样的日子持续了六年。转眼孩子要上小学了，可就是孩子的上学问题，成了夫妻二人感情问题的导火索。

这些年来，由于两人缺乏情感沟通，一夕之间，感情全面崩盘。没过多少日子，两人便提出离婚。可是，就财产分割问题，两人又产生了矛盾。

因为小于工作不到一年便离职了，六年都在照顾他和孩子，所以小于要求小龙给自己经济补偿。然而，小龙认为结婚后都是自己在养着小于，小于无权要求经济补偿。并且，小龙要求小于返还 66000 元彩礼和钻戒。

小于一听这话，就跟他算起了账：当年小龙父母婚前给彩礼 66000 元，属于赠与，不能还。两人登记结婚后小于父母给嫁妆 5 万元，办婚礼前父母为他们添置的一系列物品，约 3 万元，总共 8 万元。这些都是父母给自己的嫁妆，也是自己的。钻戒虽然是小龙婚后购买的，但也是他送给自己的，所以还是自己的。

那么，对于彩礼、嫁妆、结婚钻戒等，到底应该怎么算呢？根据《中华人民共和国民法典》第一千零六十三条规定，下列财产为夫妻一方的个人财产：（一）一方的婚前财产；（二）一方因受到人身损害获得的赔偿或者补偿；（三）遗嘱或者赠与合同中确定只归一方的财产；（四）一方专用的生活用品；（五）其他应当归一方的财产。

《中华人民共和国民法典》第一千零八十八条规定，夫妻一方因抚育子女、照料老年人、协助另一方工作等负担较多义务的，离婚时有权向另一方请求补偿，另一方应当给予补偿。具体办法由双方协议；协议不成的，由人民法院判决。

首先，小龙给女方的彩礼是在领结婚证之前，属于赠与女方，所以属于女方的个人财产。其次，嫁妆是二人在领取结婚证之后共同生活和购置物品，并且双方没有对嫁妆的归属作出约定，所以属于夫妻共同财产。至于钻戒，虽然是男方婚后购买，但是属于赠与女方，女方单独使用的生活用品，所以也属于女方的个人财产。

除此之外，根据《中华人民共和国民法典》第一千零八十八条的规定，因为小于在夫妻生活中承担了较多的义务，所以小于提出的经济补偿是合理的，法院根据两人提交的材料和小龙的薪资情况，判令小龙给小于提供一定的经济补偿。二人最终离婚。

| 随 感 |

彩礼通常情况下是指婚恋中男方给女方的聘礼或礼金，是婚前赠与行为，所以一般情况下属于女方的个人财产。但是，在司法实践中，也有判令退还彩礼的情况，比如：双方未办理结婚手续的、双方办理登记结婚手续却未共同生活的、婚前给付并导致给付人生活困难的。

而嫁妆的判定就要分情况判断了：如果像小龙和小于这种用于共同生活，除了法定和约定的属夫妻一方所有的情况下，属于共同财产。如果是在结婚登记以后，举行结婚仪式之前购买，但是夫妻双方没有实际生活在一起，没有共同的劳动和收入的情况下，属于一方财产。

爸妈出钱也算共同财产

在房价高企的今天，许多小夫妻都是婚后在父母支持下才买的房子。那么，这种父母帮助购买的房产也属于夫妻共同财产吗？

小王出生在北京一个普通家庭，由于家庭条件一般，小王没有独立住房，所以一直没有结婚。这年，他认识了小刘。小刘个性爽朗，乐观热情，不介意和小王父母同住。于是，小王与小刘登记结婚，和和美美的小日子就这样开始了。

大概两年后，北京的房价出现下滑，小王父母便抓住时机，拿出100万元终生积蓄作为首付款，为小两口按揭了一套商品房，购房合同由小王签署。

由于小刘从事销售行业，工资不固定，所以贷款由小王的住房公积金办理，一直由小王还贷。但是，搬进新家没多久，小王和小刘的婚姻却出现了"七年之痒"。

两个人没有孩子，小刘总是以陪客户的名义整天早出晚归；而小王恰恰相反，下班后喜欢"宅"在家里。渐渐地，两个人的生活越过越没劲，也开始出现各种各样的矛盾。随着矛盾的升级，两个人的婚姻破碎了。

两个人在财产分割的时候，又出现了矛盾：小刘认为房屋应该作为夫妻共同财产，进行平均分割；小王当然不同意小刘的观点，他强调这房子是自己父母支付的首付款，是自己一直在还房贷，房子应该是属于自己的个人财产。为了房屋分割，双方争执不下。

两人的观点很明确，想法也都能理解，可是按照法律来讲，到底应该怎样划分呢？

根据《中华人民共和国民法典》第一千零六十五条规定，男女双方可以约定婚姻关系存续期间所得的财产以及婚前财产归各自所有、共同所有或者部分各自所有、部分共同所有。约定应当采用书面形式。没有约定或者约定不明确的，将按照民法典中对于夫妻共同财产和夫妻一方个人财产的规定进行判决。

对于这套房子来讲，有四个特点：一是婚后购买，二是男方父母支付首付款，三是男方住房公积金还贷，四是夫妻双方并没有明确约定所有权。根据法律我们可以判断出：这套房子属于小王和小刘的夫妻共同财产。

听到这里，小王觉得很不公平，父母倾尽所有支付的首付款，每个月的房贷也是从自己账户上支出的，小刘根本就没有付出，为什么有她的一份呢？难道婚后购置的财产，只要没有书面约定，都要和对方平分吗？

对于小王的不解，法院给出了解释：首先，小王的父母对所购房屋仅支付了首付款，属于部分出资，无法取得房屋的所有权；其次，小王的住房公积金在二人婚后也属于夫妻共同财产，小王实际上一直用共同财产在偿还按揭贷款。基于以上两点，房屋属于夫妻共同财产。

但是，法院也同时指出，具体分割财产的时候应当根据"公平原则"进行分割，而不是简单的"平均分配"。房屋的首付款是小王父母出资，所以必须单独计算。

法院根据目前的房屋价格作价，并且酌情考虑小王父母的出资情况，判决对小王予以适当多分。

| 随　感 |

✦

　　针对这套房子，小王和小刘会产生两种思路，主要原因是对法律认识不够全面。

　　小王认为房子属于自己，是觉得既是父母出的首付，又是自己付的贷款，小刘并没有为房子付出。但是他忘记了，他在辛辛苦苦还贷的时候，他们的生活花销大部分都是妻子小刘支出的，他们的生活是两人共同承担的，所以不能够分裂看待。

　　小刘认为房子应该平分，是因为她不清楚什么是"公平原则"。所谓"公平"并不等于"平均分配"，她忽略了公婆所支付的首付款，想当然地把这套房子全部归于他们夫妻二人，太过强调自己的利益得失，从而失去了真正的"公平"。

拒做亲子鉴定被判败诉

在离婚案件中，如果一方提出对双方子女进行亲子鉴定，而另一方坚决拒绝，那还能做亲子鉴定吗？

冯先生与方女士结婚后，相继生了两个女儿小敏和小丽。冯先生与方女士婚后感情一般，但随着两个孩子越长越大，冯先生开始对两个女儿的相貌差异产生了疑虑。

一次，冯先生偷偷剪下大女儿的指甲，连同自己的指甲一起寄到一家鉴定机构，最终鉴定大女儿与自己没有血缘关系。

不久，冯先生起诉至法院，诉请法院判决准予离婚，两个孩子均归女方，女方赔偿男方两个孩子的抚养费15万元，并支付6万元精神损害赔偿金。

法院开庭审理期间，冯先生要求对两个孩子做亲子鉴定。《中华人民共和国民法典》第一千零七十三条第一款规定，对亲子关系有异议且有正当理由的，父或者母可以向人民法院提起诉讼，请求确认或者否认亲子关系。

针对冯先生要求对两个孩子做亲子鉴定的要求，他的妻子方女士一开始同意，但随后又反悔，只同意对大女儿小敏做亲子鉴定，坚决不同意对小女儿小丽做亲子鉴定。

随后，司法鉴定中心依据DNA分析结果出炉，排除了冯先生与大女儿小敏之间存在亲生血缘关系。

法院经审理认为，冯先生与方女士对婚姻关系解除意见一致，法院予以准许。大女儿经鉴定已确定与冯先生无亲子关系，小女儿虽然未经鉴定确认，但基于女方存在婚外性行为，且又反悔并拒绝对小女儿做亲子鉴定，推定小女儿与冯先生不存在亲子关系。

结合其他财产证据，法院家事庭对此案作出一审判决，判决准予二人离婚，两个孩子由女方抚养，男方无须支付抚育费。女方返还男方支付的两个孩子抚育费8万元，返还孩子生病治疗费10万元，赔偿男方精神损害抚慰金3万元。

｜随　感｜

亲子鉴定，是指运用生物学、遗传学以及有关学科的理论和技术，根据遗传性状在子代和亲代之间的遗传规律，判断被控的父母和子女之间是否存在亲生关系的鉴定。

亲子鉴定不断升温的原因，一方面是越来越多的人对现代生物科技的认可，另一方面是随着当前社会开放程度的不断加大，"婚外情""一夜情"等行为时有发生。

亲子鉴定是把双刃剑，如果用得妥当，可以消除人们的疑虑，正本清源，促进和谐；如果用得不当，很可能成为亲情杀手，不仅让当事人很受伤，还可能破坏家庭与社会的稳定。

俗话说，"百年修得同船渡，千年修得共枕眠。"夫妻应珍惜来之不易的缘分，互相忠实，互相尊重，才能和睦相处，共筑幸福家庭。

想要离婚请先冷静一下

夫妻双方自愿协商离婚，可是民政局却让回去冷静冷静，一个月后再来离婚。请问，这符合法律规定吗？

"媳妇，我错了，咱还离吗？"

"我也有错，不够理解你。"

已经递交离婚申请的陈刚和玲玲找到心理咨询师，"诊疗"即将破碎的婚姻。在听完女方含泪的控诉后，咨询师发现女方对婚姻不满的主要原因是认为男方"没有责任感、很冷漠"，便让女方举出具体实例。

女方提及某日下午，当两人驾驶私家车行至某植物园附近时，因为双方发生口角，男方强行要求已怀孕数月的女方下车，自己开车驶离。

接着，咨询师让男方对此事作出回应：有无发生这件事，如果发生了，有何解释？

男方表示确有其事，当时自己在气头上，一时冲动将女方赶下车，但事后也觉后悔，且担心女方安全，于是将车停在远处路口，从后视镜内看到女方坐上出租车后才离开。

女方又列举一例，某日深夜，当发现自己有先期流产的征兆时，惊恐万分，立即给男方打电话，可男方居然在外应酬，对女方言语十分冷淡。

针对此事，男方解释说，当晚自己在单位加班，深夜才吃上晚饭。女方来电时有同事在场，不便于表现得太过亲密，且自己认为女方所描述的症状不是特别紧急，决定加班结束后再做处理。事后男方的确陪女方去了医院，不过女方却并不领情，而且跟男方赌气和吵闹。

然后，咨询师进行角色交换，由男方陈述，女方回应，最终帮助双方消除了误会，引导双方重新认识夫妻相处过程中，对方看似"不可理喻"的行为背后隐藏的合理需求：如女方在孕期比较敏感，需要更多的关心、呵护和陪伴，男方则因追求事业及顾及"面子"，忽略了女方的感受等。

诊疗结束后，男方表示愿意和好，女方的态度也发生了微妙的变化，二人在一周后主动撤销了离婚申请。玲玲和陈刚的婚姻，成功地被法律新规定的"冷静期"挽救了。

《中华人民共和国民法典》第一千零七十七条规定，自婚姻登记机关收到离婚登记申请之日起三十日内，任何一方不愿意离婚的，可以向婚姻登记机关撤回离婚登记申请。前款规定期限届满后三十日内，双方应当亲自到婚姻登记机关申请发给离婚证；未申请的，视为撤回离婚登记申请。

根据法律规定，从夫妻二人去民政局申请离婚当天开始计算三十日，在这三十日内如果任一方反悔不同意离婚，可以撤回离婚登记申请。如果夫妻双方三十日内都没撤回离婚申请，那么从第三十日开始，再另外计算三十日申请发离婚证，如果第二个三十日内有一方没有申请发证，视为撤回离婚登记申请。通俗说，就是有一方三十日内不亲自去领离婚证，会被视为撤回离婚申请。

民法典离婚冷静期的设置，是立法者吸收、提炼和移植人民法院审理离婚案件适用调解制度和试行诉讼离婚冷静期的结晶。

为减少冲动型离婚，维护实质正义，我国民法典新增了关于离婚冷静期的规定，目的是改变现行离婚登记制度存在的"当即申请、当即办理"的现状，以维护婚姻良好的延续。像玲玲和陈刚这样的婚姻，就被"冷静期"挽救了。

长期以来，我国离婚率持续上升，对人们的婚姻观念、家庭形态、社会结构形成巨大的冲击。有关调查表明，在各种离婚原因中，轻率、冲动离婚占有相当比例，尤以年轻夫妻居多。

　　基于这个原因，民法典设置了离婚冷静期制度。这一离婚程序的设置，恰似给协议离婚增加了一道"门槛"，使得协议离婚确实变难了，减少了年轻人冲动离婚的可能性。

　　婚姻是人生大事，离婚更关系到家庭幸福。设置冷静期，可以减少"冲动型离婚"，让夫妻双方从油盐酱醋、家长里短等琐碎争端中暂时走出来，冷静思考婚姻是否值得继续维系，给予婚姻双方一个缓和、缓冲的余地。

　　当然，如同任何事物都不会十全十美一样，离婚冷静期也是利弊共存的。有人不无担忧地说，设置了离婚冷静期，三十日内若是发生家庭暴力、吸毒、转移财产、藏匿未成年子女等情况，怎么办？伤害最大的无疑是弱势一方，又因存在离婚冷静期难以爬出泥沼，岂不是雪上加霜？

　　当然，更多的人持赞成的态度。因为，离婚冷静期制度只适用于到婚姻登记机关协议离婚的情形。而选择协议离婚的，大部分当事人能够协商一致，尚未发生激烈冲突的离婚情景。

　　在这种情况下，经过离婚冷静期，有助于那些感情用事、赌气分手、轻言离婚的双方，冷静思考，缓解矛盾，恢复理智，以使一些处于危机中的婚姻得以挽救。

　　可见，设置离婚冷静期是立足于防止轻率、冲动离婚，让"可离可不离"的人再思考一下，以便作出对自己负责、对家庭负责的理性决定。

　　如果双方出现了激烈的冲突、存在家庭暴力或者发生虐待等情况，完全不受冷静期的限制，一方或者另一方皆可提起离婚诉讼，人民法院则会根据法律和证据，及时采取有力措施并且作出相应判决。

　　随着我国的离婚率不断持续攀升，由此带来了一系列的社会问题。父母离婚对孩子的心理、性格、抚养、教育均带来不利影响，甚至单亲家庭的孩子更易于遭受被虐待、被性侵，未成年人违法犯罪也大都来自离异家庭。

由此引发的各种矛盾纠纷和法律诉讼，使得社会救济、司法资源变得紧张、稀缺。所以，民法典设置离婚冷静期，既符合我国实际，又与国际接轨，且呼唤人们对婚姻的理性回归，不仅是必要的更是可行的。

设置协议离婚冷静期能否成为抑制离婚率过高的一剂良药，尚需要时日加以验证。但是，从以往的司法实践经验看，对离婚的当事人暂不作出判决，给双方一个冷静思考的空间和理性对待的机会，的确有助于引导当事人理性对待婚姻，谨慎行使权利，防止轻率、冲动离婚，挽救婚姻危机，维护家庭稳定。

｜随 感｜

实现离婚冷静期设置的初衷，使其真正发挥应有作用，就不能机械地适用法条，简单地"一冷了之"，而是需要社会组织、双方亲属、家事律师的及时跟进，做好矛盾化解、法律咨询、心理疏导，促使夫妻双方积极主动修复关系，重归于好。

现行协议离婚、诉讼离婚两种方式，民法典都增加了离婚的附加条件，无论当事人选择哪一种离婚方式，都将面临长时限的压力和离婚难的考验。这就令处于风雨飘摇中的婚姻关系存在难以预料的变数，一旦两个人冲突升级、矛盾激化，弱势一方受到的伤害尤其严重。

针对这种情况，应该建立健全家暴、虐待等防范机制，切实避免离婚冷静期期间矛盾掌控不力、纠纷调处不当酿成重大社会事件。所有这些，均需要有关部门把工作做得更细致、更完善、更精准。

谚语说得好："家和万事兴。"每个人婚姻家庭关系的和睦与否，与全社会的文明和谐密切相关。因此，结婚是大事，结婚忌盲目，离婚须慎重，离婚勿冲动。

婚姻关系需要夫妻双方共同来维护，只有互相信任、互相理解、互相包容才能走得长远，不要因为一时的冲动就轻易地结婚或者离婚，要为自己作出的每一个决定负责。

凡是通过协议离婚的夫妻，要利用好三十日的离婚冷静期。在考虑夫妻之间感情问题的同时，全面考虑自己的孩子、父母和社会责任，以及自己在离婚后的人生之路，以免一时冲动作出错误后悔的决定。

勇于对家庭暴力说"不"

在家庭生活中，妇女和儿童是家庭暴力的主要受害者。遭受家庭暴力时，妇女应该如何保护自己，维护自己的合法权益呢？

姗姗与大春是经人介绍结婚的。可是结婚后姗姗才知道，大春脾气暴躁，一言不合就对她进行言语辱骂、拳打脚踢，但是过后又主动认错，性格阴晴不定。

姗姗为了孩子能有一个完整的家庭，面对大春的施暴一直选择隐忍，谁知这样反而更加助长了大春的暴戾，双方家人多次调解无效。姗姗数次报警，派出所也只是做了协调处理。

后来，大春又开始参与赌博，酒后找其他女性夜不归宿，还因为沾染上毒品被公安局处罚过。

大春不准姗姗出去工作，还不给生活费维持家庭开支。迫于经济压力，姗姗偷偷找了一些零工维持生计，可是大春又怀疑她与其他人关系亲密，喝酒后经常打骂姗姗，有时还会打孩子。

一次，大春喝酒回家后，没来由地又开始谩骂姗姗，并当着孩子的面对她拳打脚踢，甚至用刀威胁姗姗不准报警。后经医院诊断，姗姗左眼、头左部挫伤。

忍无可忍的姗姗提出离婚，但是大春却不同意，一直不肯在《离婚协议书》上签字。见协议离婚不成，姗姗在大春外出打牌的时候，跑了出来，将大春告上法庭，提出诉讼离婚，请求赔偿。

反家庭暴力是国家、社会和每个家庭的共同责任。国家禁止任何形式的家庭暴力。《中华人民共和国民法典》第一千零四十二条第二款、第三款明确规定：禁止重婚。禁止有配偶者与他人同居。禁止家庭暴力。禁止家庭成员间的虐待和遗弃。

根据《中华人民共和国民法典》第一千零七十九条规定，有下列情形之一，调解无效的，应当准予离婚：（一）重婚或者与他人同居；（二）实施家庭暴力或者虐待、遗弃家庭成员；（三）有赌博、吸毒等恶习屡教不改；（四）因感情不和分居满二年；（五）其他导致夫妻感情破裂的情形。

根据《中华人民共和国民法典》第一千零九十一条规定，有下列情形之一，导致离婚的，无过错方有权请求损害赔偿：（一）重婚；（二）与他人同居；（三）实施家庭暴力；（四）虐待、遗弃家庭成员；（五）有其他重大过错。

法院经审查认为，根据申请人姗姗的陈述及其提交的相关证据，可以认定申请人姗姗遭受到家庭暴力，并且大春有赌博、吸毒的恶习。

最后法院判决：姗姗与大春离婚，子女由姗姗抚养，大春给予姗姗合理补偿；禁止大春骚扰、跟踪、接触姗姗及子女；禁止大春到姗姗借住的居所。

｜随 感｜

像姗姗这种情况，如果婚姻遭到不幸，我们应该如何保护自己呢？

首先，我们要保持独立人格，有主见和话语权。永远不要把自己当成对方的附庸，永远不要绝对依赖对方。只有自己强了，说话才有底气。

其次，有些事情是不可以忍让的，比如出轨、家暴、吸毒。这些事情只有0次和无数次，你一次的忍让，就会助长对方肆无忌惮的心态，让对方认为你软弱好欺。希望在婚姻关系中处于弱势地位的女性朋友们不要忍气吞声，要勇敢地对家暴行为说"不"！

再次，具备一定的财务支配权。经济是维护自己最基础的保障，也是家庭地位平衡最基础的筹码。至少，不要到打官司的时候连律师都请不起。

最后，要有证据意识。由于家暴的隐蔽性，受暴方往往缺乏证据意识和举证技巧。在遭受家暴时，不要采取不法的方式解决问题，要马上远离施暴者，向外界寻求帮助，并及时、全面地收集相关证据，学会利用法律武器维护自己的权益。

婚内签协议要讲究方法

随着现代人法治意识的增强，在婚内签订协议成为司空见惯的事情。但是这些协议都能得到法律认可吗？

杨佳慧和李某强是大学同学，二人情投意合成为恋人。毕业后两个人一起到深圳打工，虽然很辛苦，但在二人的共同努力下，终于买了房子，并顺利步入婚姻殿堂。

婚后不久，杨佳慧怀孕，二人欢喜之余，对未来有些担忧。因为双方父母的身体都不好，让老人来深圳带孩子实在困难，经过两个人商量后决定，杨佳慧辞职在家，专门照顾孩子，李某强负责在外打拼，赚钱养家。

有了宝宝后，杨佳慧成了全职妈妈，尽心尽力操持家务、抚育孩子。少了一分后顾之忧，李某强的事业也稳步上升，而薪水增加的代价是陪伴的缺失，李某强从经常加班到夜不归宿，即使在家也很少与杨佳慧交流。

一次偶然机会，杨佳慧在李某强的手机中发现了其与女同事的暧昧微信。杨佳慧一时间无法接受，感觉多年的付出只换来了丈夫的背叛，痛心、煎熬。

情感的瑕疵给婚姻带来的裂缝无法在短时间内弥合。多次争吵之后，李某强不解释、不示好的态度让杨佳慧无法忍受，杨佳慧提出离婚，可是李某强坚决不同意。

最终，在杨佳慧的逼迫下，李某强签署了一份忠诚协议，约定今后双方互相忠诚，如果一方有婚外情等过错行为，立即离婚，女儿由无过错方抚养，过错方放弃夫妻名下所有财产，并补偿无过错方精神损失费人民币 20 万元。

协议签订后，双方的关系依然没有改善。李某强仍与同事保持暧昧交往，杨佳慧诉至法院要求离婚，并且主张按照婚内协议约定，处理子女抚养和夫妻共同财产分割。

李某强同意离婚，但认为忠诚协议是在被胁迫的情况下所签，并非自己的真心表达，而且协议内容违反法律规定，应属无效，要求抚养婚生女并按法律规定分割财产。

一审法院经审理认为，李某强和杨佳慧夫妻感情确已破裂，应准予离婚。杨佳慧主张按照婚内协议处理子女抚养及财产分割无法律依据，但考虑到李某强在婚姻中的明显过错等因素，应对无过错的杨佳慧酌情予以照顾。

按照法律规定，依法成立的合同，对当事人具有法律约束力。当事人应当按照约定履行自己的义务，而不得擅自变更或者解除合同。那么本案当事人的忠诚协议，为什么会被法院认定为对双方不具有法律效力，且允许当事人反悔呢？其根本原因是该协议在婚姻存续期间订立，又是以离婚为前提条件，而且有胁迫嫌疑，这是与我国婚姻自由的基本原则相违背的。

《中华人民共和国民法典》第一千零七十六条规定，夫妻双方自愿离婚的，应当签订书面离婚协议，并亲自到婚姻登记机关申请离婚登记。第一千零七十九条第一款明确规定：夫妻一方要求离婚的，可以由有关组织进行调解或者直接向人民法院提起离婚诉讼。

根据相关法律，当事人关于离婚的协议，以及与离婚有关的子女抚养、财产分割的协议，只有备案在婚姻登记机关且已领取离婚证的，或者载明在法院出具的离婚调解书上的才有效。

凡是在未离婚前的婚姻存续期间所订立的关于离婚的协议，以及与离婚有关的子女抚养、财产分割的协议，均因夫妻双方事实上未办理法定的离婚手续而未能在法律上生效。既然协议未生效，那么协议当事人李某强当然有权反悔。

因为协议无效，根据《中华人民共和国民法典》第一千零八十七条的相关规定，协议不成的，由人民法院根据财产的具体情况，按照照顾子女、女方和无过错方权益的原则判决。

综合考虑孩子的成长经历、双方收入水平、家庭财产来源等情况，法院判决女儿随杨佳慧共同生活，并由杨佳慧分得夫妻共同财产的70%。一审判决后，李某强和杨佳慧均提起上诉。二审法院驳回上诉，维持原判。

随 感

❖

随着大众的法治意识的加强，很多人为了及时保障自己的合法权益，很多时候会在婚前签订《婚前财产协议书》，或者在婚内签订《婚内财产协议书》《保证书》《忠诚协议》等协议。

诚然，一段婚姻需要足够的信任来维系，但每一段关系都会有不稳定的时候，通过协议的方式把未来可能产生的纠纷提前梳理清楚，是一种理性的做法，既尊重对方，同时也能保障双方的权益。这也是为什么大多数拥有一定财产的夫妻，会做婚前财产公证和婚内财产协议的原因。

另外，《中华人民共和国民法典》第一千零六十五条中规定，男女双方可以约定婚姻关系存续期间所得的财产以及婚前财产归各自所有、共同所有或者部分各自所有、部分共同所有。

虽然是否签署婚内财产协议全凭个人意愿，但夫妻双方也不是随便起草一份婚内协议就能生效的。首先婚内协议应当采用书面形式，一时达成的口头协议是不具有法律效力的。

协议要在双方都同意的条件下达成，不能存在欺诈、胁迫等情形，也不能以离婚作为协议生效的前提条件。要尽量在双方感情稳定期，经自愿、平等协商一致后签订，切忌在发生不忠行为被发现后签订，可能会被认为违背自愿原则。

在补偿金设置上，切忌有"净身出户"或者其他类似的要求一方放弃所有财产的条款。也不能出现限制离婚自由、限制人身自由、剥夺孩子抚养权、探望权等约定，因为此类约定无效。

只能在夫妻之间分配，不能涉及子女或第三人的分配，否则这份协议就无法生效。婚内协议上必须写清楚具体的财产，大到房产、车产，小到包包、鞋子，只有写清楚了，才具有法律效力。

对方是同性恋可以离婚

在现实生活中，一些同性恋者可能出于各种原因，总会隐瞒自己的性取向，找一个自己并不相爱的异性结婚生子。在这种情况下，这个异性可以提出离婚吗？

在一次朋友聚会上，刘大哥与蓉蓉姑娘邂逅了。蓉蓉是一个护士，白衣天使的温柔迅速打动了刘大哥的心，刘大哥对她展开了热烈追求。

两年后，蓉蓉终于接受了刘大哥的诚意，成了他的女朋友。几个月后，这对恋人在亲友们的祝福中，踏入了婚姻的殿堂。

可是新婚的快乐没有维持很长时间，刘大哥渐渐感觉妻子越来越陌生。尽管他自己承担了家中所有的家务，对蓉蓉百般呵护，但是这种疼爱并没有获得妻子的回应，两人的关系急剧降温，蓉蓉甚至提出了"分房"的建议。

深感委屈的刘大哥第一次对妻子发火，蓉蓉一气之下便离家出走了。谁知，这一走就是一个多月。直到刘大哥找到蓉蓉的工作单位，才在职工宿舍找到了她。在一番认错之后，蓉蓉跟刘大哥回到了家中。但是双方的矛盾却更加升级，此后蓉蓉每周都会以值班等借口离家几天。妻子频频彻夜不归，引起了刘大哥的怀疑，蓉蓉是否有了外遇？但是妻子蓉蓉平时的社交圈很小，也不太和男性交往，刘大哥实在猜不出这个"第三者"是谁。

蓉蓉有写日记的习惯，为了探明妻子"突变"的原因，刘大哥决定偷看妻子的日记。有一次，趁妻子在单位值班的时候，刘大哥用偷配的钥匙，打开了妻子的抽屉。

翻开蓉蓉的日记后，刘大哥看到妻子在日记中充满了对"心上人"廖某某的思念和内心的纠结。从此，刘大哥对这个廖某某就开始注意了。有一次，他趁妻子不注意，偷看了妻子的手机，廖某某在信息中称蓉蓉是"女神"，不应有任何男人来染指。

刘大哥一气之下，从蓉蓉手机中找到了这个廖某某的电话打了过去，准备痛骂对方一顿，但是电话那头传来的却是清脆的女声。

"你是女的？"刘大哥有些不相信，当得到对方肯定的答复后，刘大哥这才明白妻子的出轨对象原来竟是一位"同性中人"。

当刘大哥对妻子蓉蓉摊牌后，蓉蓉承认自己有了外遇，对象就是同在一家医院工作的女医生廖某某。

蓉蓉哭着告诉刘大哥，自己本来就对男性比较冷淡，当廖某某对自己展开猛烈的追求后便不能自己。但是蓉蓉坚决不同意离婚，她表示只是同廖某某有精神的交流，不能算出轨。两人经常为了此事争吵，甚至经常惹得警察上门调解。最终，蓉蓉离家与刘大哥分居。刘大哥拿着蓉蓉的日记和协议，作为物证向法院提起了诉讼离婚，并要求赔偿自己精神损失。

《中华人民共和国民法典》第一千零四十三条规定，家庭应当树立优良家风，弘扬家庭美德，重视家庭文明建设。夫妻应当互相忠实，互相尊重，互相关爱；家庭成员应当敬老爱幼，互相帮助，维护平等、和睦、文明的婚姻家庭关系。

《中华人民共和国民法典》第一千零七十九条第一款、第二款规定，夫妻一方要求离婚的，可以由有关组织进行调解或者直接向人民法院提起离婚诉讼。人民法院审理离婚案件，应当进行调解；如果感情确已破裂，调解无效的，应当准予离婚。

法院开庭审理了此案，蓉蓉并未到庭，法院认为根据日记等文字材料，可以看出双方婚前了解不够，婚后时有矛盾，夫妻感情确已破裂。

之后，蓉蓉提出刘大哥在收集其婚外情证据时，侵犯了她的隐私权，日记等不能作为证据使用，也不能证明夫妻感情已经破裂，因而向法院提出反诉，但是遭到了法院的驳回。

法院认为，婚姻是男女两性结合的产物，人口的生育和种族的延续是婚姻的本质属性。婚姻的基础应该建立在普通公众能够接受的起码道德和良知之上，夫妻之间应当相互尊重和相互忠实。在这里，忠实和尊重是指人格尊重和性忠实。

根据刘大哥提供的证据，可以证实蓉蓉的同性恋行为已经侵犯了刘大哥的配偶权，其夫妻感情确已破裂且无法调解和好，应准予双方离婚。

蓉蓉为了掩盖其同性恋取向，利用婚姻的形式长期欺骗刘大哥，致使刘大哥成为其牺牲品，其所作所为已经给刘大哥身心带来极大的伤害，应该对刘大哥的合理损失进行赔偿。

蓉蓉在法院合法传唤时拒不到庭应诉，可视为其放弃了抗辩权和调解和好的机会，印证了原告刘大哥主张的夫妻感情已经破裂的事实，因此法院作出了缺席审判，判决两人离婚。蓉蓉给付刘大哥 1 万元精神损害抚慰金。

随 感

现实生活中夫妻双方是相互具有配偶权的。所谓配偶权，是指配偶之间要求对方陪伴、钟爱和帮助的权利，是夫对妻及妻对夫的身份权，是表明夫妻之间互为配偶的身份利益，是由权利人专属支配。

配偶权是一项民事权利，夫妻互为配偶，就有配偶权，其核心特色是性权利，是指这种权利义务的实现，需要双方同时履行和协调配合。

夫妻共同享有配偶权，双方既是权利主体，又是义务主体，这是婚姻关系的自然属性所决定的。配偶权是夫妻互为配偶的身份利益，而且这种利益具有独占性，其他任何人都不得共享，这是我国一夫一妻的婚姻制度所决定的。

配偶权在我国民法典中具有比较清晰的定位，其中"婚姻家庭编"第三章完整规定了基于亲属关系的身份权制度，构建了包括配偶权、亲权和亲属权在内的身份权体系。其中第一节规定的是夫妻关系中的配偶权，第二节规定的是父母子女关系和其他近亲属关系中的亲权和亲属权。

我国民法典不承认同性婚姻，但是并不等于同性恋相关纠纷不受民法典约束，其中夫妻一方在离婚时以配偶系同性恋为由提出损害赔偿是应该考虑的。

离婚不代表一了百了

很多人认为，领了离婚证两人就再无瓜葛，互不相欠。那么，如果在离婚后发现对方婚内出轨的新证据，我们也不能要求对方进行赔偿了吗？

苏女士和陆某于十五年前结婚，两人婚后生活一直不错。由于陆某想做一个丁克，苏女士也就答应了他，两人也不在乎别人的眼光，一直过着幸福的二人世界。

也是由于一直没有孩子，因而少了很多牵绊，两人都是一心扑在工作上。香车豪宅、社会精英，两人的光环令无数人羡慕。让人想不到的是，陆某忽然提出要离婚，理由是感情不和。

两个人的关系一直很好，什么时候就变成感情不和了？苏女士想，可能是因为这几年升职了，工作越来越忙，双方交流太少，从而感情淡了。所以，苏女士也没有纠缠，关于婚后财产，陆某也是遵从苏女士的意见，二人很快协议离婚。

但是，离婚后不到半年，苏女士便从朋友那里得知，陆某和别的女人前不久生了一个孩子。显而易见，陆某在与苏女士婚姻期间，已经出轨了。

苏女士听说后非常愤怒，当年是陆某不想要孩子，自己才没有生育。如今苏女士已经过了最佳生育年龄，陆某却和别人因为孩子走到了一起。

苏女士对前夫恨得咬牙切齿，认为这是一种背叛。可是，两人已经离婚了，财产也已经分割清楚，一拍两散了，还能怎么办呢？难道雇人揍他一顿吗？

过了几天，苏女士渐渐冷静下来，又不想计较了。可就在这时候，流言蜚语纷至沓来，竟然传出来是苏女士的过错才导致两人离婚。这下可彻底惹恼了苏女士，她实在咽不下这口气，便找到自己的律师闺密，想让她帮自己维护权益。

根据《中华人民共和国民法典》第一千零九十一条规定，有下列情形之一，导致离婚的，无过错方有权请求损害赔偿：（一）重婚；（二）与他人同居；（三）实施家庭暴力；（四）虐待、遗弃家庭成员；（五）有其他重大过错。

根据相关法律规定，当事人在婚姻登记机关办理离婚登记手续后，以《中华人民共和国民法典》第一千零九十一条规定为由向人民法院提出损害赔偿请求的，人民法院应当受理。但当事人在协议离婚时已经明确表示放弃该项请求，或者在办理离婚登记手续一年后提出的，不予支持。

苏女士既没有明确放弃该项请求，也没有超过离婚一年的时间限制，理所当然可以起诉要求赔偿。但是，要想打赢官司也不是容易的事情，她的律师闺密也是犯难。

苏女士能够以什么理由起诉陆某呢？重婚、与他人同居、实施家庭暴力、虐待或遗弃家庭成员？还是有其他重大过错？

《中华人民共和国民法典》第一千零四十三条中明确表示，家庭应当树立优良家风，弘扬家庭美德，重视家庭文明建设。夫妻应当互相忠实，互相尊重，互相关爱；家庭成员应当敬老爱幼，互相帮助，维护平等、和睦、文明的婚姻家庭关系。

在这里，陆某并没有做到"忠实"这一项。"不忠实行为"一般指夫妻一方的婚外情或者婚外性行为。根据一夫一妻制度的基本原理，婚外情是与法律精神相悖的。

陆某存在婚外性行为，甚至使对方怀有身孕，对苏女士造成了极大的伤害。根据这一点，苏女士向法院提出了法律诉讼，要求前夫赔偿精神损害赔偿金5万元。

法院经审理后认为，依据民法典相关规定和司法解释，有配偶者与他人同居，导致离婚的，无过错方有权请求损害赔偿。这种"损害赔偿"包括物质损害赔偿和精神损害赔偿。

陆某在与苏女士婚姻关系存续期间，与他人同居且有不正当两性关系，并生育一女，违背了夫妻之间互相忠实的义务，严重伤害了夫妻感情，导致双方离婚。

陆某的婚内出轨行为，给苏女士造成了严重的精神损害，苏女士作为无过错方请求精神损害赔偿，法院应予支持。最终，经法院酌定，判决陆某支付苏女士精神损害赔偿金45000元。判决后，陆某不服提起上诉，中院作出维持原判的二审判决。

｜随　感｜

❖

婚姻关系是互相信赖、互相尊敬、互相照顾和互相保护的契约，任何威胁到契约的事情都是背叛。那些在婚姻中选择背叛的人，到最后都受到了惩罚，而婚姻中的背叛也让他们吃尽了苦头。

很多在感情中背叛的人都明白失去了才懂得珍惜，不要轻易去尝试这种放纵的滋味。这种责任感要始终铭记在我们的心中，才能够让我们的婚姻更加幸福，走得愈发长远，否则我们会像那些吃到苦头的人一样后悔。

父母生孩子凭什么让我养

随着二孩时代的全面来临，很多"老大"陷入了"养娃风波"。对于父母的二孩，"老大"又承担着怎样的责任和义务呢？

小韩今年刚刚大学毕业，在北京一家外企公司实习。能够进入这家实力雄厚的公司是无数年轻人的梦想，小韩可以算是亲朋好友眼中的天之骄子。

亲戚们都夸小韩有出息，小韩父母真是有福气！然而，这种快乐没有持续多久，小韩的工作还没有稳定下来，就接到一个令她惊掉下巴的消息：自己的父母给她添了一个妹妹。

原来，自从小韩到北京上大学后，回家的时候就少了，即便寒暑假回家也总是出去玩或者去打工，根本不在家里陪父母。

二孩政策放开之后，小韩父母因为担心已经成年的小韩以后不孝顺他们，于是老两口一拍即合决定要生二孩，并且商量好了怀孕期间瞒着小韩。

但是，生孩子容易养孩子难，现在养一个孩子的巨大花销，是小韩父母没有预料到的，奶粉、辅食、尿不湿的价格和消耗量大大超过老两口的预期。

二孩出生以后，面对高额的抚养费，夫妻俩傻眼了。于是，他们把主意打到了老大头上。父母要求小韩每个月上交2500元，用来帮助他们抚养妹妹，以减轻他们的经济压力。

父母生二孩也就罢了，帮忙照顾妹妹也在情理之中，可是父母要二孩的理由让小韩接受不了，而且竟然怀孕期间还瞒着她，这让小韩更伤心。况且自己的北漂生活同样压力巨大，刚刚步入社会参加工作，房租、交通费、餐饮费都不是身在老家的父母可以想象的。所以，小韩一口回绝了父母要求帮忙抚养老二的要求，并告诉父母：自己生的就自己养。

小韩虽然和父母闹得很不愉快，但以为这样父母就不会再找自己要抚养费了。然而，令小韩更没想到的是，父母竟然一纸诉状将自己告上法庭。

接到法院的传票，小韩都要崩溃了，本以为自己曾经的优异成绩和现在光鲜亮丽的工作会是父母的骄傲，可没想到父母却是这样的心思。

在上法院之前，小韩就意识到自己很有可能败诉。父母年纪大了，身体一天不如一天。而自己已经有经济收入，确实应该给予父母一定的经济支持。

《中华人民共和国民法典》第一千零七十五条规定，有负担能力的兄、姐，对于父母已经死亡或者父母无力抚养的未成年弟、妹，有扶养的义务。由兄、姐扶养长大的有负担能力的弟、妹，对于缺乏劳动能力又缺乏生活来源的兄、姐，有扶养的义务。

最终，法院依据法律，判决小韩败诉。认定小韩有帮助父母扶养老二的义务，给予能力范围之内的经济支持。

不过，可以看出，法律条文和法院判决中用的都是"扶养"，而不是"抚养"。那么，小韩父母眼中的"抚养"和小韩应尽的"扶养"义务有什么区别呢？

首先要明确"抚养"和"扶养"是两个不同的概念。"抚养"取教养保护的意思，"扶养"取相互扶助的意思，两者并不是简单的包含关系，更不能等同。

抚养，简单地说，就是"保护并教养"。抚养关系是长辈和晚辈之间的，并且是长辈对无行为能力人，主要是未成年人的保护并教养，强调的是教育和保护。抚养的目的是让子女健康成长。

扶养，指的是对社会关系中的"弱者"所发生的经济供养和生活扶助。泛指特定亲属以及夫妻之间根据法律的明确规定而存在的经济上相互供养、生活上相互扶助的权利义务关系。

而且，兄弟姐妹间的这种扶养义务也是有条件的。兄、姐有负担能力时，才依法承担此项义务。弟、妹尚未成年而其父母已经死亡或父母不具有抚养能力，才依法享有受兄、姐扶养的权利。

当知道了法院的宣判结果之后，小韩崩溃了，她怒斥父母："你们作为父母太不负责了，生了孩子自己不养，现在让我帮你们养女儿，以后谁敢娶我，你们这不是在逼我当'单亲妈妈'吗？"

听了女儿的话，父母一把鼻涕一把泪地说道："我们这不是为了给你留个伴吗？"就这样，整个家闹得鸡飞狗跳的。

小韩是姐姐，她对刚出生的妹妹有帮助父母扶养的义务，但是这种"扶养"关系，不能变成父母对小韩的"勒索"，也不能取代父母对于老二的"抚养"。

随 感

现如今，随着二孩政策的放开，很多已经上了年纪的父母也开始想生二孩，一方面孩子可以照顾他们的生活，另一方面是出于"两个孩子以后有个照应"的关怀心理。

高龄父母生二孩，即使有足够的财力去抚养孩子，但是年纪大了，照顾起孩子起来往往心有余而力不足。这个时候很多父母就会寻求老大的帮助，希望老大能够帮他们抚养孩子，这无疑是增加了老大的负担。正因为如此，案例中的小韩从一开始就拒绝了父母让自己出抚养费的想法。

高龄父母生二孩，需要考虑的问题很多，需要结合自己的实际情况。如果考虑不周到，容易引起各种问题，甚至最后像小韩一家那样，闹到不可收拾，到时候后悔可就来不及了。

孩子抚养权应该归谁

由于婚姻生活不幸福，两口子离婚是难免的事情。但是，对于孩子的抚养问题，一般法院会依照什么原则判决呢？

小齐和丈夫许某都在事业单位工作，平时工作都很忙，沟通交流的时间很有限。交往不深便匆匆结婚，婚后不久生了一个孩子。但是，由于双方婚前交流少，婚后没过多久就暴露出很多问题，尤其是孩子出生后，日子过得更是鸡飞狗跳，为了不影响孩子成长，两人选择分居生活。

两年后，许某实在忍受不了这种生活，而提出离婚，小齐也觉得自己守着孩子过就足够了，所以表示同意。车子和房子都是双方各自的婚前财产，没有纠纷，但是对于孩子的抚养权，许某却不愿意放弃。

当听到丈夫也想争孩子的时候，小齐非常生气地指责丈夫：从来没有照顾过孩子，都是自己在带。还说到自己已经知道丈夫在外面有外遇，只是没有拆穿而已。更是直言：孩子只能没有亲爸，但是坚决不能没有亲妈！

听到小齐的指控，许某也讽刺她：自己是因为工作忙才疏于对孩子的陪伴，并不是有意不照顾孩子，甚至孩子的花销基本都是他赚的。而且小齐的工资与自己差很多，并不能给孩子很好的物质条件，只有自己才能满足孩子的需求！

针对抚养权的问题，小齐和许某各执一词，争论不休，最终闹上法庭。小齐认为母亲的陪伴最重要，而且自己有收入，还有父母可以帮忙照顾，法院一定会把孩子判给她；许某认为自己经济实力雄厚，能给孩子提供更好的生活学习环境，法院一定会把孩子判给他。

《中华人民共和国民法典》第一千零八十四条第三款规定，离婚后，不满两周岁的子女，以由母亲直接抚养为原则。已满两周岁的子女，父母双方对抚养问题协议不成的，由人民法院根据双方的具体情况，按照最有利于未成年子女的原则判决。子女已满八周岁的，应当尊重其真实意愿。

《中华人民共和国民法典》第一千零八十五条第一款规定，离婚后，子女由一方直接抚养的，另一方应当负担部分或者全部抚养费。负担费用的多少和期限的长短，由双方协议；协议不成的，由人民法院判决。

由于孩子已经满两周岁，法院根据小齐夫妻双方的具体情况指出：孩子出生后一直由女方看护，孩子对女方的感情胜于男方，而且女方有经济能力抚养孩子。因此法院判决：孩子的抚养权归女方。虽然孩子判给女方抚养，但是男方还应该承担部分抚养费用和教育费用，直到孩子成人为止。

|随　感|

许某争夺孩子抚养权败诉，是因为他片面强调了物质生活。的确，给孩子提供一个良好的生活、教育、学习环境是很重要的，但是更不能忽略的是对于孩子的精心关怀，提供安全、健康、幸福的生活条件和氛围。虽然小齐的工资比他低，但是也足够照顾孩子，而且孩子还有家人的陪伴，对于孩子的成长是有好处的。

对养母也要尽赡养义务

如果子女不孝，不愿意尽赡养义务，那么父母应该如何保护自己的基本权益呢？

老李曾经有过一段婚姻，与妻子育有一儿一女。可是，在女儿7岁、儿子4岁的时候，他的妻子却因病去世了。

为了给孩子父母双全的生活，老李在妻子去世两年后，与一位杨女士结婚。杨女士为了两个孩子能够接纳自己，选择不再生育，两人就这样含辛茹苦地将姐弟俩抚育成人。

女儿嫁给了邻居，两家经常走动，也还算比较亲热；儿子带着妻儿和老李老两口生活在一起，日子过得也十分红火。后来，女儿的丈夫单位分了楼房，便搬到了新家。

在小孙子上初中后，老李儿子也在城里买了楼房，儿子一家便去城里居住。儿女生活越来越好，这让老两口很欣慰，可是渐渐地，姐弟俩探望父母的间隔时间越来越长，几年后甚至断绝了来往。

老李和老伴想，老两口相濡以沫也挺好的，就随他们去吧！但是，随着年龄的增长，两位老人的身体状况日渐衰退，连生活也基本无法自理了，而且已经不能负担生活和医疗的费用了。

而到这时，老李的儿女已经整整十年没有对两位老人承担过赡养义务了。特别是在老人生病期间，儿女俩既没有陪同照顾，也没有支付医疗费用。

老李觉得非常愧对老伴杨女士，认为都是自己的错。所以，老李就将子女告上了法庭，请求法庭依法判令儿女每人每月向他俩支付赡养费 2000 元，直至他们离世。

《中华人民共和国民法典》第一千零六十七条规定，父母不履行抚养义务的，未成年子女或者不能独立生活的成年子女，有要求父母给付抚养费的权利。成年子女不履行赡养义务的，缺乏劳动能力或者生活困难的父母，有要求成年子女给付赡养费的权利。

根据《中华人民共和国老年人权益保障法》第二章的相关规定，老年人养老以居家为基础，家庭成员应当尊重、关心和照料老年人。赡养人应当履行对老年人经济上供养、生活上照料和精神上慰藉的义务，照顾老年人的特殊需要。赡养人不得以放弃继承权或者其他理由，拒绝履行赡养义务。赡养人不履行赡养义务，老年人有要求赡养人付给赡养费等权利。

为了更好地帮助老李和杨女士，律师向老李所在村委会和老邻居们进行了调查取证。在这过程中，大家对于老李家的情况都频频摇头，并且愿意证明老李的儿女没有尽到赡养义务。这些证明和材料都是老李和杨女士胜诉的关键。

和老李儿女的交涉过程，着实让律师生气。姐弟二人称，他们一直认为父亲找了老伴杨女士，就是为他们找了一个"长期保姆"，不然不会没有孩子。

姐弟俩还说，父亲的工资都交给了老伴杨女士支配，既然已经付了"工资"，他们就没有掏钱的必要了。况且自己工作忙，也有子女需要照料，没有闲钱给予老人。

成年子女对于父母的赡养义务，是具有亲属权的重要内容。赡养义务是法定义务，是成年子女必须履行的义务，特别是对缺乏劳动能力或者生活困难的父母，成年子女必须承担赡养义务。

根据相关法律和现实情况，法庭最终判决：老李儿女每人每月向老李、杨女士给付赡养费1600元。老人今后若因病住院，治疗的花费由儿女平均负担。在赡养义务的履行上，法院除根据老年人的实际需求支持赡养费用给付请求外，同时责令与老人分开生活的子女"常回家看看"。

　　老李的儿女不服，提起上诉。二审法院指出，子女赡养父母是中华民族的传统美德，也是法律规定的义务，子女不能以任何理由拒绝承担赡养义务。经过审理认为，一审法院综合考虑了老人意愿、当地消费水平和子女生活条件，判决并无不当，因此驳回上诉，维持一审判决。

　　赡养老人，让老年人安度晚年，既是中华民族的传统美德，也是子女的法定义务。该判决将精神上慰藉与经济上供养、生活上照料的赡养义务内涵密切统一，体现出处理赡养纠纷案件时减少矛盾、调解为主的原则，尊重了老年人的赡养方式选择，彰显了司法对老年人的关怀。

｜随　感｜

❖

　　本案中姐弟两人自私自利性格的形成，有一部分原因在于教育失当。老李年轻时一直忙于养家糊口，缺乏对子女的教育；老伴杨女士对于两个孩子太过顺从，从而助长了姐弟俩的不正思想。幸好，老李和杨女士还有法律作为武器，为自己的余生找到了依靠。

　　大家注意，要想证明子女是否尽到赡养父母的义务，一般情况下是通过当地居委会、村委会和没有利害关系的亲朋好友或邻居的证人以及证词来证明的。

　　但是，亲戚也可能不在身边，这就为取证带来了一定困难。因此，我们也要注意邻里关系的妥善处理，为自己提供更多帮助。

父母也可能失去监护权

　　父母是未成年子女的监护人。可是，如果父母没有正确履行自己的监护责任，可以撤销父母的监护权吗？

　　小兵是梁某蓉的非婚生子女。因为生父一直身份不明，所以小兵从出生以后就一直跟随母亲生活。梁某蓉曾有过几次不成功的婚姻，平时脾气很坏，生活中不但对小兵疏于管教，还经常让小兵挨饿，而且多次殴打小兵，致使小兵后背满是伤疤。

　　当地政府、妇联、村委会干部及派出所民警曾经多次对梁某蓉进行批评教育，但是梁某蓉仍然拒不悔改。一天凌晨，梁某蓉再次用菜刀划伤了小兵的后背和双臂。

　　梁某蓉所在的村民委员会以梁某蓉长期对小兵的虐待行为已严重影响小兵的身心健康为由，向法院提出请求依法撤销梁某蓉对小兵监护人资格的申请。

　　根据《中华人民共和国未成年人保护法》第十七条规定，未成年人的父母或者其他监护人不得虐待、遗弃、非法送养未成年人或者对未成年人实施家庭暴力。

　　根据《中华人民共和国民法典》第三十六条规定，监护人有下列情形之一的，人民法院根据有关个人或者组织的申请，撤销其监护人资格，安排必要的临时监护措施，并按照最有利于被监护人的原则依法指定监护人：（一）实施严重损害被监护人身心健康的行为；（二）怠于履行监护职责，或者无法履行监护职责且拒绝将监护职责部分或者全部委托给他人，导致被监护人处于危困状态；（三）实施严重侵害被监护人合法权益的其他行为。

《中华人民共和国反家庭暴力法》第二十一条中也规定，监护人实施家庭暴力严重侵害被监护人合法权益的，人民法院可以根据被监护人的近亲属、居民委员会、村民委员会、县级人民政府民政部门等有关人员或者单位的申请，依法撤销其监护人资格，另行指定监护人。被撤销监护人资格的加害人，应当继续负担相应的赡养、扶养、抚养费用。

审理期间，法院征求小兵的意见，他表示不愿意再跟随母亲梁某蓉共同生活。法院经审理认为，监护人应当履行监护职责，保护被监护人的身体健康、照顾被监护人的生活，对被监护人进行管理和教育，履行相应的监护职责。

被申请人梁某蓉作为小兵的监护人，采取打骂等手段对小兵长期虐待，经有关单位教育后仍拒不悔改，继续对小兵实施虐待，其行为已经严重损害小兵的身心健康，故不宜再担任小兵的监护人。依法撤销梁某蓉对小兵的监护人资格，并依法指定该村民委员会担任小兵的监护人。

｜随 感｜

保护未成年人，是国家机关、武装力量、政党、人民团体、企业事业单位、社会组织、城乡基层群众性自治组织、未成年人的监护人以及其他成年人的共同责任。未成年人是祖国的花朵，需要呵护；未成年人是未来的希望，需要培养！

任何组织或者个人发现不利于未成年人身心健康或者侵犯未成年人合法权益的情形，都有权劝阻、制止或者向公安、民政、教育等有关部门提出检举、控告。正是因为小兵所在村民委员会的及时相助，才让小兵免受家庭暴力，让我们为这样负责任的村民委员会点赞！

青少年吸毒贩毒危害大

吸毒被拘留，亲人泪两行。毒品对个人、家庭还有社会的危害主要有哪些？青少年吸毒贩毒又会受到哪些处罚呢？

阿兵刚满 16 岁，正是花一样的年纪。本应在父母的呵护下快乐生活，在社会、学校的关爱下健康成长的他，却因为染上毒瘾并贩毒，只能在看守所内，透过铁窗看看头顶的那一小块蓝天。

阿兵 6 岁时，父母因感情不和离婚了，他被判给了母亲。离婚后没多久，阿兵的父亲离开家乡出去打工，从此杳无音讯，阿兵的母亲则在他人介绍下远嫁东南亚，无家可归的阿兵只好被寄养在姨妈家。

姨妈家有 3 个孩子，只能给阿兵提供物质上的帮助，无法在学习方面照顾他。在学校里，阿兵因为没有爸妈经常被同学们嘲笑，自卑的他开始厌倦学习。

还没读完初一，阿兵就辍学了。因为精神空虚，他渐渐与姨妈家的邻居向某某熟悉起来。向某某有钱，出手也大方，时不时可以带他出去潇洒。在向某某的引诱下，阿兵开始吸食冰毒，并很快染上了毒瘾。

因为没有经济来源，阿兵心甘情愿成了向某某的"小弟"，多次接受向某某的指令，携带"K 粉"、摇头丸等毒品送货，赚取一些零花钱。

一天凌晨，阿兵接到向某某的电话，让他到一家夜总会"送货"，当场被警方抓获。被抓后，阿兵主动交代自己曾帮向某某送过四次货。

《中华人民共和国刑法》第十七条规定，已满十四周岁不满十六周岁的人，犯故意杀人、故意伤害致人重伤或者死亡、强奸、抢劫、贩卖毒品、放火、爆炸、投放危险物质犯罪的，应当负刑事责任。

根据《中华人民共和国刑法》第三百四十七条规定，走私、贩卖、运输、制造毒品，无论数量多少，都应当追究刑事责任，予以刑事处罚。

走私、贩卖、运输、制造鸦片一千克以上、海洛因或者甲基苯丙胺五十克以上或者其他毒品数量大的，处十五年有期徒刑、无期徒刑或者死刑，并处没收财产。

走私、贩卖、运输、制造鸦片二百克以上不满一千克、海洛因或者甲基苯丙胺十克以上不满五十克或者其他毒品数量较大的，处七年以上有期徒刑，并处罚金。

走私、贩卖、运输、制造鸦片不满二百克、海洛因或者甲基苯丙胺不满十克或者其他少量毒品的，处三年以下有期徒刑、拘役或者管制，并处罚金；情节严重的，处三年以上七年以下有期徒刑，并处罚金。

根据《中华人民共和国刑法》第三百五十三条规定，引诱、教唆、欺骗他人吸食、注射毒品的，处三年以下有期徒刑、拘役或者管制，并处罚金；情节严重的，处三年以上七年以下有期徒刑，并处罚金。

阿兵吸毒贩毒，最终被判处有期徒刑三年，并处罚金人民币 2 万元。而引诱他吸毒的向某某被数罪并罚，被判处有期徒刑十年，并处罚金人民币 5 万元。

| 随　感 |

多少青少年因为那小小的好奇心而抵制不住毒品的诱惑，又有多少青少年由于缺乏对毒品的了解而被人唆使吸毒。本处于黄金时代、厚积薄发的年

龄，却一步步走向堕落的深渊，不免令人扼腕。

吸毒会严重损害人的身体健康，影响人类寿命。据统计，吸毒者多数短命，一般寿命不超过 40 岁。许多吸毒者在没有经济来源购毒、吸毒的情况下，或死于严重的身体戒断反应引起的各种并发症，或由于痛苦难忍而自杀身亡。

吸毒者在自我毁灭的同时，也破坏了自己的家庭，导致大量的家庭悲剧。一旦家庭中出现一个吸毒者，就意味着贫困和矛盾围绕着这个家庭，最后的结局往往是倾家荡产、妻离子散、家破人亡。

吸毒对社会生产力有巨大的破坏作用。吸毒会导致身体疾病，影响生产，还会造成社会财富的巨大损失和浪费。同时毒品活动还造成环境恶化，缩小人类的生存空间。

毒品摧毁的不但是人的肉体，还有人的意志。希望广大青少年要积极认识毒品的危害，自觉地与吸毒、贩毒等不法行为作斗争，珍爱生命，终身远离毒品、拒绝毒品！

老年人有没有婚姻自由

老年人能够遇到合适的另一半是非常幸运的事情。但是如果子女反对，老年人的婚姻也很难成功。那么，法律是如何保障老年人婚姻自由的呢？

李先生已经 70 岁了，年轻时是个有本事的人，做了几十年的包工头，攒下了不少的积蓄。儿女成家时，都分别给他们买了车子和房子。

李先生的老伴儿走得早，后来他重新找过一个老伴，但是被儿女们气走了。于是他就一直过着独居生活。虽然从不缺钱花，但是日子却过得十分的孤独。

随着年龄增长，李先生开始需要人照顾。于是子女给李先生请来了保姆田大妈。田大妈比李先生小七八岁，做事干净利落，为人也是非常正直，有时候李先生看她辛苦多给她一些钱，她从来都不会接受。

而且这位田大妈性格乐观，整天嘻嘻哈哈的，她的到来给李先生的生活增添了不少的乐趣。慢慢地，李先生爱上了眼前的这个女人。因为李先生知道，田大妈也是单身。

李先生勇敢地跟田大妈表达了爱意，但是却被拒绝了。因为田大妈担心李先生的儿女觉得自己是贪图李先生的财产，会因此让她难堪。这时候李先生给田大妈打了一针安心剂，他告诉田大妈，这些钱都是他自己赚来的，跟自己的子女没有关系。只要他还在，就不会允许任何人欺负她。

田大妈苦于自己也是丧偶，而且自己多年以来，也没有一个固定的住所，最主要她觉得李先生这个人也不错，于是就放下了心中的顾虑，正式跟李先生在一起了。两个人每天过着幸福的日子，仿佛又回到了年轻的时候。

按理说，李先生这么大的岁数，还能找到属于自己的黄昏恋，他的子女应该很高兴才对，只是他的子女在得知李先生和田大妈已经办理了结婚证以后，就坚决反对。

在他们看来，自己的老父亲已经这么大岁数了，田大妈这分明就是想骗老父亲的钱，她就是奔着想要分老人的家产来的，他们就不相信田大妈和老父亲之间有什么深厚的感情。因此，他们坚决反对这门婚事，誓要把田大妈赶走，否则以后就与父亲断绝关系。

为了维护自己的合法权益，李先生决定起诉儿女侵犯自己的婚姻自主权，要求人民法院判决自己的儿女不再干涉自己的婚姻生活。

婚姻自由是公民基本权利的一项重要内容，公民的婚姻自由受到宪法保护。我国宪法第四十九条第四款中明确规定：禁止破坏婚姻自由。

《中华人民共和国民法典》第一千零六十九条规定，子女应当尊重父母的婚姻权利，不得干涉父母离婚、再婚以及婚后的生活。子女对父母的赡养义务，不因父母的婚姻关系变化而终止。

《中华人民共和国老年人权益保障法》第二十一条规定，老年人的婚姻自由受法律保护。子女或者其他亲属不得干涉老年人离婚、再婚及婚后的生活。赡养人的赡养义务不因老年人的婚姻关系变化而消除。

根据法律规定，老年人再婚，只要是出于双方自愿，并且符合法律的规定，都应当受到法律的保护。子女不得干涉老年人的婚姻生活，更不能以此为由拒绝赡养老人。

法院查明事实后，认定李先生儿女的行为阻碍了老人的婚姻自由权，违反了法律规定，判决被告李先生的儿女立即停止对父亲婚姻自主权的侵害。

| 随 感 |

✦

婚姻自主权作为一项基本人权，是每个人的基本权利之一，任何人都不得加以干涉，即使亲生子女也无权干涉和指责。人越是上了年纪，往往越容易孤独。因为子女大了，都有他们自己的事要忙。若是这个时候身边有个老伴儿还好，若是没有，就成了真正的空巢老人。

老年人可以运用法律的武器，在法院的调解下与子女沟通，更多的情况下，两代人可以在心平气和的氛围里进行沟通，老人还可以要求亲友或者子女所在的单位或者居民委员会、村民委员会等调解组织，对子女进行教育和劝解。

CHAPTER 2

继 承

同时遇难继承关系要弄清

现代生活中，车祸时有发生。一家人同时因车祸而死亡的事情也不鲜见。在这种情况下，如何安排遗产继承顺序呢？

孙大伯与朱大娘共有四个孩子，两个儿子两个女儿。不幸的是，在一次严重的车祸事故中，孙大伯与小儿子同时遇难，留下了朱大娘和三个孩子相依为命。

后来，几个孩子相继成家，但是朱大娘一直没有再嫁。朱大娘住在城市郊区，随着城区扩建，房子面临拆迁。朱大娘与某房地产公司签署了房屋拆迁补偿协议。与此同时，朱大娘又与两个女儿签署了一份家庭房产协议。协议中明确说明，房产相关的所有手续，包括安置房购买款均由朱大娘负责办理与支付，安置房产权归朱大娘所有。此份协议并经公证备案。

随着年龄越来越大，朱大娘开始为后事做准备。她立了一份公证遗嘱，确认房产属于夫妻共同财产，并说明安置房的购房款实际由大女儿出资，登记在自己名下的房产归大女儿继承。

朱大娘去世后，她的小女儿及大儿子要求分割继承父亲的那一半遗产，请求法院公正判决。可是孙大伯是与自己的小儿子同时去世的，他的遗产要如何分配呢？

《中华人民共和国民法典》第一千一百二十一条规定，继承从被继承人死亡时开始。相互有继承关系的数人在同一事件中死亡，难以确定死亡时间的，推定没有其他继承人的人先死亡。都有其他继承人，辈份不同的，推定长辈先死亡；辈份相同的，推定同时死亡，相互不发生继承。

法院审理确认，朱大娘丈夫与小儿子同时遇难，按规定，在同一事件中死亡无法确认死亡先后时间的，都有其他继承人，辈份不同的，推定长辈先死亡。

孙大伯所拥有的1/2的房产，其法定继承人是妻子与四个子女，各获总房产价值的1/10。因为随孙大伯一同遇难的小儿子未婚未育，小儿子的第一顺序继承人只有母亲朱大娘。如此，朱大娘已经拥有该套安置房的1/2+1/10+1/10产权。

另外，朱大娘曾经与两个女儿签署过协议，两个女儿同意房产归母亲所有，但是在这个协议中，朱大娘的大儿子并未参与，也未表示过放弃继承父亲遗产。因此，朱大娘去世时，实际拥有该房产的9/10产权。

最终，法院判决朱大娘这9/10的房产归大女儿所有，另外的1/10房产由大儿子继承，小女儿要求继承父亲遗产部分，因为已经与母亲签有协议，诉求无效。

| 随 感 |

遗产本是逝者留给亲人的一种安慰，但是也可能成为亲人之间产生矛盾的根源。在现实生活中，因为遗产继承闹得形同陌路的情况时有发生，亲人之间为了争夺遗产而对簿公堂的案例更不在少数。

案例中的朱大娘在生前就及时对自己的遗产进行了处理，在与女儿签订协议和立遗嘱的时候，都非常注意公证，这是非常明智的举动，从而有效避免了子女在自己去世后发生严重的纠纷冲突。

死亡赔偿金不是遗产

因为交通事故、工伤等原因不幸遇难，亲人往往会得到一笔死亡赔偿金。但是，这笔赔偿金应该如何分配呢？它属于死者的个人遗产吗？

老人范大伯在一次车祸中不幸身亡，车祸肇事方赔偿了30多万元。可是，老人没有亲生子女，跟前妻也已离婚，这笔钱该给谁闹出了一场官司。

范大伯在三十年前跟前妻结婚。前妻是二婚，给范大伯带来了一个继子小明。老人跟前妻把小明抚养长大。后来，老人因为与前妻感情不和，被法院判决离婚。

此后，老人跟继子小明一同生活过一段时间，还入住过老年公寓。但是在生病住院期间，他的侄子范某龙忙前忙后，还把老人接来跟自己一起住了一段时间。当时，老人手写了一份遗嘱，称自己年事已高，没有亲生子女，由侄子范某龙养老送终，死后所有的财产、房产都留给侄子。

老人过世后，相关单位给的丧葬费用8万元，小明和范某龙商量好一人一半。而车祸的死亡赔偿金、精神抚慰金在扣除掉丧事费用后，还剩20多万元，这笔钱怎么分两人不能协商一致。

小明认为，自己虽然不是亲生儿子，但与父亲已经形成二十年抚养与赡养关系，属于继父子关系，是唯一近亲属，依法享有赔偿款。而范某龙则认为，自己与老人有赡养关系，小明没有完全尽到赡养义务，不应该享有全部赔偿金。两人僵持不下，小明把范某龙起诉到法院。

根据《中华人民共和国民法典》第一千零七十二条中规定，继父或者继母和受其抚养教育的继子女间的权利义务关系，适用本法关于父母子女关系的规定。

法院审理认为，小明母亲与范大伯结婚时，小明未满 18 岁，两人婚姻关系存续长达二十年，范大伯对继子有直接抚养的事实，且达到一定年限。范大伯年老时小明尽过赡养义务，且与其生活。小明与范大伯之间形成了具有抚养关系的继父子关系，继父与继子间的权利义务不能随之消失。

死亡赔偿金和精神抚慰金的性质是对死者家属的一种经济补偿和精神慰藉，不属于死者遗产，不能根据范大伯生前的遗嘱分配，只能按补偿原则在近亲属之间适当分割。

该笔赔偿金扣除已实际支付的丧葬费用后，剩余部分的分配应根据与死者关系的亲疏远近、与死者共同生活的紧密程度及生活来源等因素适当分割。

赔偿权利人首先是死者的近亲属即配偶、父母、子女。小明属死者范大伯的近亲属。因此，小明诉讼请求合理部分，法院予以支持。

侄子范某龙对范大伯尽了赡养义务。对范某龙的辩称意见的合理部分，法院同样予以支持。法院酌定具体分割比例原、被告以 7∶3 的比例为宜。

据此，法院判决：小明分割范大伯因交通事故死亡而获得的死亡赔偿金、精神抚慰金共计 16 万多元，范某龙分得 7 万多元。

死亡赔偿金是受害人死亡后赔偿义务人支付受害人近亲属或法定继承人的财产损失，而遗产是在公民死亡前就已经存在的属于公民的合法财产，死亡赔偿金在公民死亡前并不存在，其并不属于公民的个人财产。正是由于其不属于死者遗产，债权人不能对死亡赔偿金主张权利。

虽然死亡赔偿金和遗产都是因为公民死亡才产生，但死亡赔偿金是在公民死亡后才产生的，并不属于公民的遗留财产。同时，公民也不能以牺牲自己的生命来换取合法财产所有权，否则，不但违反了法律规定，而且有悖于社会的公序良俗。

死亡赔偿金作为加害人赔偿给受害方近亲属的物质性补偿，不应属于遗产，更不能用来偿还受害方生前所欠债务或者税收。针对遗产，公民可以在生前立遗嘱予以处理，但是公民在生前无法也不能立遗嘱处理自己的死亡赔偿金。

非婚生子女也有继承权

众所周知，非婚生子女的父母是没有合法婚姻关系的。那么，在父母去世时，非婚生子女有继承权吗？

50岁的刘姐，年轻时和丈夫张某靠着做牛肉面的生意，打拼三十多年，不仅开了3家分店，还买了几十套房和门面，每个月光靠收租都能够一家子人生活一年。

日子富足后，刘姐的丈夫张某似乎完全忘记了当初创业时的艰苦，每天只开车出去享受生活，动不动就约人出门旅游，有时候好几天都不回家。

就在前两年，刘姐发现丈夫有了婚外情，当时考虑到儿女都到了谈婚论嫁的年龄，刘姐为了孩子们的名声，硬生生将这件事瞒在了心里。

好不容易等到孩子们结了婚，刘姐这才释放出内心的怒火，将丈夫无情地赶出了家门。不幸的是，张某离家不久，就因为突发疾病，抢救无效死亡。

张某去世不久，店里面突然来了一位抱着个孩子的女士，自称姓范，是张某生前的朋友，要找刘姐。原来，张某不仅有婚外情，还偷偷在外面生了儿子晓洋。

刘姐一下子就明白了怎么回事，气得要赶走范女士，并说就算钱财全部捐掉，也不给私生子一分钱。

范女士也不甘示弱："这也是你老公的儿子，凭什么你的儿女豪车开着，豪宅住着，而我的儿子却要受苦？要知道，你如今的钱财家产不光是你一个人的，怎么着我的孩子都有份继承！"

不久，范女士就将刘姐告上了法庭。根据《中华人民共和国民法典》第一千零七十一条的相关规定，非婚生子女享有与婚生子女同等的权利，任何组织或者个人不得加以危害和歧视。

《中华人民共和国民法典》第一千一百二十七条还规定，继承开始后，由第一顺序继承人继承，第二顺序继承人不继承；没有第一顺序继承人继承的，由第二顺序继承人继承。第一顺序：配偶、子女、父母；第二顺序：兄弟姐妹、祖父母、外祖父母。子女，包括婚生子女、非婚生子女、养子女和有扶养关系的继子女。父母，包括生父母、养父母和有扶养关系的继父母。兄弟姐妹，包括同父母的兄弟姐妹、同父异母或者同母异父的兄弟姐妹、养兄弟姐妹、有扶养关系的继兄弟姐妹。

根据法律规定，虽然范女士并不是张某的合法妻子，但是晓洋属于她与张某的非婚生子女，属于第一顺序继承人，在遗产继承上享有与刘姐和张某婚生子女同等的权利和义务，有权继承父亲的合法财产。当然，张某婚内出轨，非婚生子，在财产分割上，会适当偏向刘姐。

| 随 感 |

在爱情和婚姻里，最重要的是要有责任和担当。当一个已婚者不顾家庭的责任，义无反顾地选择出轨这条路时，伤害的绝不只是配偶一个人，还有无辜的孩子。

在非婚生子女成年之前，由于生理和心理尚未发育成熟，缺乏甚至没有自我保护的意识和能力。因此，国家以法律强制力、社会道德规范和舆论的力量，保护未成年非婚生子女的人身和财产权利不受侵犯、人格尊严受到尊重，使非婚生子女真正与婚生子女具有同等的法律地位。不过，在现实生活中，生母或者生父任何一方的缺少，都会使非婚生子女在事实上不可能享有与婚生子女同等的权利。

遗产需要管理人来守护

父亲去世后，债权人起诉他的孩子偿还父亲债务。可是，孩子都表示放弃继承遗产，也不愿意替父亲还债。在这种情况下，债权人的利益应该如何保证呢？

廖某有两个孩子，儿子叫阿豪，女儿叫小青。长期以来，阿豪一直和父亲廖某共同经营集装箱运输事业。在此期间，廖某与从事汽车运输行业的程某签订了一份协议书，约定双方共同采购柴油，由程某先垫付柴油款，过后再进行结算。

在协议进行期间，程某与阿豪经过几次结算，确认廖某拖欠了柴油款共计220万元左右。随后，阿豪出具了欠条。在偿还了20万元后，剩余200万元款项经程某多次催讨，廖某仍未支付。

这一年，廖某忽然去世，可是因为他生前没有立下遗嘱，妻子也已经去世，阿豪和小青成为第一顺序法定继承人。

随后，程某向法院提出诉讼，请求阿豪支付拖欠款项201万元及利息，阿豪和小青在继承廖某遗产的范围内对201万元及其利息承担清偿责任。

庭审期间，阿豪和小青认为，程某提供的协议书只有廖某的签字，不能证明阿豪与程某有任何的委托、协作关系。程某也没有证据证明廖某有何遗产，因此阿豪和小青没有继承廖某的遗产，无须承担廖某拖欠的债务。法院经审理认为，阿豪出具给程某的欠条，已经确认廖某和阿豪拖欠程某柴油款

220万元，应承担还款责任。因为廖某已经死亡，阿豪作为欠款人之一，理应继续还款。

同时，根据《中华人民共和国民法典》第一千一百六十一条的规定，继承人以所得遗产实际价值为限清偿被继承人依法应当缴纳的税款和债务。小青作为廖某遗产第一顺序法定继承人之一，也应在继承遗产的实际价值范围内，对欠款承担清偿责任。

阿豪和小青不服判决，提起上诉。二审法院认为，阿豪对程某出具的两份欠条的真实性无异议，他主张是根据廖某指示出具欠条而非其本人欠款，但未能提供足以推翻的相反证据，其主张不能成立。

二审期间，法院查明，廖某名下财产登记有一套房屋。不过，阿豪和小青均明确表示放弃对廖某遗产的继承。根据《中华人民共和国民法典》第一千一百六十一条的相关规定，继承人放弃继承的，对被继承人依法应当缴纳的税款和债务可以不负清偿责任。

阿豪和小青均明确表示放弃对廖某遗产的继承，自然无须对廖某所负债务承担偿还责任。

《中华人民共和国民法典》第一千一百四十五条规定，继承开始后，遗嘱执行人为遗产管理人；没有遗嘱执行人的，继承人应当及时推选遗产管理人；继承人未推选的，由继承人共同担任遗产管理人；没有继承人或者继承人均放弃继承的，由被继承人生前住所地的民政部门或者村民委员会担任遗产管理人。

因查明廖某的遗产至少包含一处房产，为了保护程某的利益，经阿豪和小青共同确认，阿豪为遗产管理人，负有对廖某遗产范围内财产进行管理，并协助以廖某的遗产清偿债务的责任。

法院确认廖某除阿豪和小青二人外没有其他继承人，同意廖某的遗产归国家或程某所在集体所有制组织所有，由阿豪作为遗产管理人对廖某的遗产进行管理并协助清偿债务。

最终，法院二审判决，阿豪应支付程某柴油款200万元及相应的利息；阿豪应协助以廖某的遗产对债务承担清偿责任。

随 感
❖

当今社会财产类型繁多，遗产继承问题复杂，因遗产继承引发纠纷的案件数量更是不断攀升，而大多数纠纷发生在被继承人死亡至遗产分割的时间段内，因为此阶段遗产的权属处于"真空"状态。那么，此时遗产是否需要管理？应由何人管理？如何管理？

民法典给出了答案，那就是指派一个专门的遗产管理人。遗产管理人概念的首次提出，打破了原继承法律实务中遗产管理人角色空缺的局面，对继承法律制度的完善发挥了不可或缺的作用。

按照规定，遗产管理人应当履行的职责包括：清理遗产并制作遗产清单；向继承人报告遗产情况；采取必要措施防止遗产毁损、灭失；处理被继承人的债权债务；按照遗嘱或者依照法律规定分割遗产；实施与管理遗产有关的其他必要行为。

本案中廖某的继承人均放弃继承廖某的遗产，廖某的遗产则为无人继承又无人受遗赠的遗产。但廖某生前又尚欠债务，因此应当指定遗产管理人对廖某的遗产进行管理清偿债务。

阿豪作为廖某遗产的管理人，负有对廖某遗产范围内财产进行管理并协助以廖某的遗产清偿廖某所欠债务的义务。如果阿豪疏于管理，造成遗产流失或毁损，就有责任进行赔偿。

遗产也可以代位继承

现实生活中，被继承人的子女先于被继承人死亡的现象并不少见。如果出现了这种情况，要怎么处理呢？

李大伯与妻子王某有三个孩子，一个儿子，两个女儿。儿子李某一家与李大伯和王某生活在一起。王某去世后的第二年，儿子也因为交通事故不幸去世。

儿子李某去世后，他的妻子带着他们的儿子李某飞改嫁了。李某飞成年后前往大城市闯荡，由于生意做得不太如意，很少回家看望爷爷，李大伯则由两个女儿轮流照料。

几年后，李大伯因病去世，留下一套房产、一辆汽车，还有 10 多万元现金。李某飞听说爷爷去世了，匆匆忙忙买了火车票赶回了家。葬礼上，他不但没有表现出哀痛的情绪，反而对爷爷留下的遗产打起了主意。

丧事办完后，李某飞去咨询了律师，了解自己是否有继承遗产的权利。《中华人民共和国民法典》第一千一百二十八条规定，被继承人的子女先于被继承人死亡的，由被继承人的子女的直系晚辈血亲代位继承。被继承人的兄弟姐妹先于被继承人死亡的，由被继承人的兄弟姐妹的子女代位继承。代位继承人一般只能继承被代位继承人有权继承的遗产份额。

根据法律规定，李某作为李大伯的儿子，先于李大伯死亡。李大伯去世后，李某的儿子李某飞作为李大伯的孙子，即为被继承人的子女的直系晚辈血亲，可以代位继承父亲的遗产。

听说自己可以代位继承爷爷的遗产后，李某飞十分欣喜，便向两个姑姑正式摊了牌。姑姑们气急败坏，破口大骂李某飞厚颜无耻，称李某飞的父亲早年去世，没有赡养李大伯，李某飞成年后也没有孝敬爷爷，根本无权继承遗产。

李某飞告上法庭，请求法院裁决。法院审理后认为，李某飞作为李大伯早逝儿子的直系晚辈血亲，有权代父亲继承遗产。至于应该继承的份额，一般情况下，代位继承人只能继承他的父亲或者母亲有权继承的遗产份额。在这里，即李大伯儿子李某应该继承的遗产份额。

李某飞的姑姑提出，李某飞的父亲李某早逝，在世的时候基本没有履行赡养义务，因此不应该继承相应的遗产。但是这个说法需要证据支持。李某飞的父亲早逝，不具备扶养的客观条件，没有证据证明他没有履行赡养义务，而且李某生前与李大伯夫妻共同生活，因此不能否定李某可以继承相应的遗产份额。

至于李某飞没有孝敬爷爷，从法律层面上来说，《中华人民共和国民法典》第一千零七十四条第二款规定：有负担能力的孙子女、外孙子女，对于子女已经死亡或者子女无力赡养的祖父母、外祖父母，有赡养的义务。本案中，虽然李大伯的儿子李某已经去世，但其他孩子都尚在，且具备赡养的能力，所以李某飞对其祖父并无法定的赡养义务。

最终，法院判定，李某飞代位继承父亲李某的遗产继承份额。不过，根据客观情况，李大伯的女儿承担了更多的赡养义务，可以适当多分得遗产。

|随 感|

✦

虽然从法律意义上来说，李某飞没有赡养爷爷的义务，但是从道德上来讲，他依然应该孝敬自己的祖父。李某飞生前的举动，显然是不太符合我国传统家庭道德的。

我们一定要清楚，法律往往只是道德的最低要求。如果李某飞平时能够多看望一下爷爷，相信就会少了许多法律纠纷。如果他能够在父亲去世后，对李大伯履行了主要的赡养义务，他也可以相应地多分得遗产。孝敬一定要在亲人活着的时候，勿要留下"树欲静而风不止，子欲养而亲不待"的遗憾！

侄女也可以继承遗产

随着人口老龄化的日益加深，失独、孤寡老人逐渐增多。如果他们去世后没有第一和第二顺序继承人，他们的侄子、侄女、外甥、外甥女能继承遗产吗？

王大爷和黄阿姨均已年逾八旬，由于二老没有生育子女，生活起居一直由单身的侄女小梅在照顾。小梅父母因病去世多年，王大爷夫妇对小梅视如己出。

后来，王大爷夫妇先后因病去世，留下一套早年单位分的80多平方米的房子。王大爷生前曾多次提到，因为自己没有子女，将来房子就留给侄女小梅继承，好让她未来有个栖身之地。

为了继承房子，小梅带上房产证和老人死亡证明到房管部门办理继承手续，没承想却被房管部门拒之门外，理由是："小梅不是王大爷和黄阿姨的法定继承人，没有资格继承他们的房子。"

为此，小梅找到了律师咨询，律师解答道："由于王大爷和黄阿姨生前没有订立遗嘱，所以房子应按法定继承，而法定继承人中，第一顺序继承人是配偶、子女、父母，第二顺序继承人是兄弟姐妹、祖父母、外祖父，而小梅不在法定继承人范围之内，所以不能继承老人的房子；但由于小梅对王大爷夫妇有尽赡养义务，按照法律规定也是可以分得财产的。"

现实情况是，小梅根本无法提供赡养老人的证据。因为老人住院时，自己也没想过照顾他们的时候去专门拍照或录像，而支付医疗和住院费用也都是从老人的医保卡和银行卡上支付。平时小梅购买生活日用品时，也未曾作详细记录。

在律师的建议下，小梅只能到街道咨询看能否出具证明，证明自己一直与王大爷夫妇居住，已经形成赡养关系。

然而，街道给出的答复让小梅彻底崩溃，街道工作人员表示：他们不能出具小梅和王大爷夫妇有赡养关系的证明，按照法律规定，王大爷和黄阿姨的房子是属于无人继承，应该是要收归国有，用于公益事业的，他们已经向上级汇报作处理。

小梅无奈之下只好回家，看着手机里老人生前的照片，就想起与他们一起生活的一幕幕美好场景，想到这间充满回忆的房子就要被国家收走，伤心又委屈的眼泪一涌而出。

正在小梅伤心的时候，新颁布的民法典给了她新的希望。《中华人民共和国民法典》第一千一百二十八条第二款规定，被继承人的兄弟姐妹先于被继承人死亡的，由被继承人的兄弟姐妹的子女代位继承。这意味着扩大了代位继承的范围，侄子、侄女、外甥、外甥女也被列入代位继承人的范围内。

虽然民法典扩大了继承人的范围，将兄弟姐妹的子女列入继承人序列当中，但是，他们想要继承遗产，需要同时满足下列两个特定条件：第一顺位法定继承人配偶、子女、父母均先于当事人去世；第二顺位法定继承人兄弟姐妹也均先于当事人去世。只有同时满足这两个条件，侄子、侄女、外甥、外甥女才能继承到当事人的遗产。

| 随 感 |

❖

民法典的出台，对小梅来说可谓是及时雨，小梅不用再担心老人留下的房子被国家收回了。但新问题又出现了：如果王大爷和黄阿姨还有其他侄子、侄女，或者外甥、外甥女，那小梅仍然不是他们唯一的合法继承人，不能全额继承老人的房子。

那么，小梅如何做才能全额继承到王大爷和黄阿姨的房子？其实只需要王大爷和黄阿姨生前订立一份合法有效的遗嘱，指定由小梅继承就可以了，根本不需要等待法律修改来破解困局。

可见，虽然民法典扩大了代位继承的范围，看似解决了许多类似小梅这种情况的继承难题，但王大爷和黄阿姨的情况，仍需要订立一份合法有效的遗嘱，指定由生前照顾他们的小梅来继承房子。否则，将来财产就可能流向其他从未照顾过他们的侄子、侄女，或者外甥、外甥女手中，造成不必要的纠纷。

以最后一份遗嘱为准

随着法律观念深入人心，越来越多的人开始在去世前为自己的财产订立遗嘱。但是在现实生活中，往往订立的遗嘱不是一份，这种情况下，要以哪一份为准呢？

王大伯和刘大娘夫妻共育有三个孩子，分别是大儿子王某军、大女儿王某秀、小女儿王某花。王大伯名下有一套房产，属于夫妻共同财产，内含大、中、小三个房间，老两口和儿子王某军一家一起居住生活。

后来，王某军因病去世，妻子带着女儿琳琳改嫁，后来琳琳随继父的姓氏改了名。儿子去世时，王大伯和刘大娘已80岁高龄，他们的饮食、起居、看病、护理等诸多事务，就只能依靠两个女儿来照顾。

最开始，是两个人轮流照顾父母，其间也请过保姆，但老人不习惯保姆在家，最后为了更好地照顾父母，王某花夫妇两人搬到了父母家中，和父母一同居住。

几年后，已90岁高龄的王大伯夫妻，在公证处分别设立了公证遗嘱。内容大意均为："为防止在自己去世后，子女因房产继承问题发生纠纷，自愿立遗嘱，在自己去世后，将房产中属于自己的份额，遗留给小女儿王某花。"

此后，王大伯又自书遗嘱一份，内容大意为："多年来，我的大女儿对我们二老的生活起居，照护帮助服侍以尽孝道，使我深感欣慰，为此我决定把三间住房，中间的一间住房给我大女儿王某秀所有。"

原本是担心因房产继承问题，致使女儿们发生纠纷，王大伯和刘大娘才立的遗嘱，没想到，王大伯夫妻相继去世后，还是发生了纠纷。最终，王某花将姐姐王某秀和侄女琳琳诉至法院，请求按照遗嘱，由自己继承父亲名下房屋。

庭审中，王某秀称，她虽然身体不太好，但她克服了各种困难，尽全力承担照顾父母的责任和义务，父亲在世时看到了她的辛苦付出，所以才给她留下一份遗嘱，希望妹妹能够尊重父亲的遗愿，给她50万元现金，补偿父亲给她的这间房。

琳琳则当庭表示，如果法院查明她有继承权，则她要求继承涉案房屋，否则她尊重法院判决。

《中华人民共和国民法典》第一千一百二十三条规定，继承开始后，按照法定继承办理；有遗嘱的，按照遗嘱继承或者遗赠办理；有遗赠扶养协议的，按照协议办理。

本案中，涉案房屋是王大伯和刘大娘婚姻关系期间取得的财产，属夫妻共有财产，二人各享有一半的权利。王大伯和刘大娘生前以公证遗嘱的方式，将其所有的涉案房屋产权份额处分给王某花继承，遗嘱合法有效。

对于王某秀提交的王大伯的自书遗嘱，《中华人民共和国民法典》第一千一百三十四条规定，自书遗嘱由遗嘱人亲笔书写，签名，注明年、月、日。王大伯的自书遗嘱符合法律规定，认定有效。

不过，王大伯的自书遗嘱与公证遗嘱内容部分相抵触。根据《中华人民共和国民法典》第一千一百四十二条相关规定，遗嘱人可以撤回、变更自己所立的遗嘱。立遗嘱后，遗嘱人实施与遗嘱内容相反的民事法律行为的，视为对遗嘱相关内容的撤回。立有数份遗嘱，内容相抵触的，以最后的遗嘱为准。

最后，法院判决：涉案房屋中的两间归王某花所有，中间一间归王某秀所有。因为王某秀还提出以钱换房的想法，经过协商，王某花向王某秀付款50万元，王某花获得全部房产继承权。

| 随　感 |

✦

遗嘱是指人生前在法律允许的范围内，按照法律规定的方式对其遗产或其他事务所作的个人处理，并于创立遗嘱人死亡时发生效力的法律行为。

在法律实践过程中，越来越多的家庭一改以前"立遗嘱不吉利""立遗嘱不利于家庭和睦"的观念，开始重视遗嘱的设立，并尊崇法律的规定来设立遗嘱。

遗嘱种类很多，除了案例中出现了公证遗嘱和自书遗嘱，还有代书遗嘱、打印遗嘱、录音录像遗嘱和口头遗嘱。

代书遗嘱应当有两个以上见证人在场见证，由其中一人代书，并由遗嘱人、代书人和其他见证人签名，注明年、月、日。

打印遗嘱应当有两个以上见证人在场见证。遗嘱人和见证人应当在遗嘱每一页签名，注明年、月、日。

以录音录像形式立的遗嘱，应当有两个以上见证人在场见证。遗嘱人和见证人应当在录音录像中记录其姓名或者肖像，以及年、月、日。

遗嘱人在危急情况下，可以立口头遗嘱。口头遗嘱应当有两个以上见证人在场见证。危急情况消除后，遗嘱人能够以书面或者录音录像形式立遗嘱的，所立的口头遗嘱无效。

老人订立遗嘱，一般都是像案例中的王大伯那样，希望去世后避免子女的财产纠纷。和睦的家风需要每一位家人共同维护，财产分割固然重要，亲情更是无价之宝，莫为金钱伤了亲情！

改恶从善可以得到宽恕

在生活中，难免出现部分家庭子女不孝顺的情况。而一些父母在设立遗嘱时，也不会将财产留给不孝顺的子女。如果这些子女能够改过自新，尽心赡养，得到父母的宽恕，丧失了的继承权还能再恢复吗？

陈大叔与余大妈系夫妻关系，两人育有一子一女，一家人和和睦睦，非常幸福。不过，随着孩子渐渐长大，特别是父母与子女的一些想法不一样，开始产生了一些冲突。

陈大叔与余大妈的儿子小陈在上学的时候，谈了一个女朋友，个子有点矮，皮肤有点黑。陈大叔与余大妈夫妻没有相中，就不同意两个人的婚事，于是产生了激烈矛盾。

小陈一气之下，不仅与女孩结了婚，而且连续十几年都没有回家看望和赡养父母。陈大叔与余大妈也很生气，说他们没有这个儿子，并在遗嘱中注明两人去世后，遗产全部给女儿。

然而，随着时间推移，小陈渐渐悔悟，开始与父母进行接触，并经常带着孩子回家看望父母，缓和了与父母的关系。陈大叔与余大妈生病期间，儿子更是全家人搬回父母身边，悉心照顾，使二位老人感受到迟来的天伦之乐。

陈大叔与余大妈决定原谅儿子当初的行为，在医院的时候，夫妻两个人当着几个医生的面，共同做了一个录像遗嘱，说明将自己名下两套房屋中的一套留给小陈。

可是，在陈大叔与余大妈相继离世后，他们的女儿陈小妹却将哥哥小陈告上了法庭。陈小妹认为哥哥曾经遗弃父母，十几年来对父母生活不闻不问，情节严重，已经丧失了继承权。那么小陈到底能不能继承父母的财产呢？

《中华人民共和国民法典》第一千一百二十五条中规定，继承人有下列行为之一的，丧失继承权：（一）故意杀害被继承人；（二）为争夺遗产而杀害其他继承人；（三）遗弃被继承人，或者虐待被继承人情节严重；（四）伪造、篡改、隐匿或者销毁遗嘱，情节严重；（五）以欺诈、胁迫手段迫使或者妨碍被继承人设立、变更或者撤回遗嘱，情节严重。继承人有前款第三项至第五项行为，确有悔改表现，被继承人表示宽恕或者事后在遗嘱中将其列为继承人的，该继承人不丧失继承权。

案例中，小陈在父母生前确有悔改表现，缓和了与父母的关系，并且悉心照料父母，得到了父母的宽恕，并被父母重新列入遗嘱继承人中，所以，小陈没有丧失继承父母遗产的权利，可依据遗嘱内容依法继承。

｜随　感｜

❖

继承涉及家庭财产的传承，事关千家万户。继承权与身份密切相关，相互具有继承关系的家庭成员，即便发生矛盾冲突也"打断骨头连着筋"。

在这种情况下，宽容、饶恕往往是化解恩怨、重塑亲情的重要方式。对于犯错之后已经悔改的家庭成员，给予其认识错误、改正错误的机会，也是给家庭一个恢复和谐亲情关系的机会。

以前的继承法规定，继承权一经丧失，永不复得。民法典对此作出了修改，增设了继承宽恕制度，不仅给继承人改过自新的机会，同时也尊重被继承人的意愿，让法律有刚度又有温度，体现了社会主义核心价值观，是和谐社会的必然要求。

新规更折射出了人性的温暖，让人明白，房子、存款均为身外之物，人世间最珍贵的是骨肉亲情。家和万事兴，百善孝为先，与其身后争财，不如生前尽孝心。

父亲的房子却归了保姆

现实生活中，一些老人因为无人照看，会与继承人以外的组织或者个人签订遗赠扶养协议。有时，老人又会因为各种原因，留下遗嘱。在这种情况下，怎么办呢？

魏大爷请了赵阿姨到家里做保姆。为了让赵阿姨能安心留下来照顾自己，魏大爷与赵阿姨签了一份遗赠扶养协议，魏大爷声明：赵阿姨若能照顾自己终身，那么自己过世后房产和存款都由赵阿姨继承。此后，赵阿姨也一直尽心照顾魏大爷。

但是过了几年，魏大爷又写下多份遗嘱并公证，要将名下房产留给两个儿子。魏大爷去世一个月后，他的两个儿子要求赵阿姨归还父亲的房产。

赵阿姨尽心尽力照顾魏大爷十多年，手上也有魏大爷当年的遗赠扶养协议，所以拒绝归还。于是，双方因为这件事对簿公堂。

《中华人民共和国民法典》第一千一百二十三条规定，继承开始后，按照法定继承办理；有遗嘱的，按照遗嘱继承或者遗赠办理；有遗赠扶养协议的，按照协议办理。

遗赠扶养协议，是遗赠人和扶养人之间关于扶养人承担遗赠人的生养死葬的义务，遗赠人的财产在其死后转归扶养人所有的协议。遗赠扶养协议是一种平等、有偿和互为权利义务关系的民事法律关系。

从法律效力与执行顺序来看，首先是遗赠扶养协议，其次是遗嘱继承，最后是法定继承。也就是说，在遗赠扶养协议与其他形式的遗嘱同时存在时，不论设立的先后顺序，都以遗赠扶养协议为准。

遗赠扶养协议一经签订，双方必须认真遵守协议的各项规定。《中华人民共和国民法典》第一千一百四十四条规定，遗嘱继承或者遗赠附有义务的，继承人或者受遗赠人应当履行义务。没有正当理由不履行义务的，经利害关系人或者有关组织请求，人民法院可以取消其接受附义务部分遗产的权利。

《中华人民共和国民法典》第一千一百五十八条规定，自然人可以与继承人以外的组织或者个人签订遗赠扶养协议。按照协议，该组织或者个人承担该自然人生养死葬的义务，享有受遗赠的权利。

赵阿姨手中有遗赠扶养协议，并且也履行了协议规定的义务，所以她理应享有接受遗赠的权利。最终，法院作出判决：魏大爷儿子的诉求无效，魏大爷的房子归赵阿姨所有。

随 感

签订遗赠扶养协议，目的在于使那些没有法定赡养义务人或虽有法定赡养义务人但无法实际履行赡养义务的孤寡老人，以及无独立生活能力老人的生活得到保障。

遗赠扶养协议是双方的法律行为，只有在遗赠方和扶养方双方自愿协商一致的基础上才能成立。凡不违反国家法律规定、不损害公共利益、不违反社会主义道德准则的遗赠扶养协议即具有法律约束力，双方均必须遵守，切实履行。

遗赠扶养协议签订后，任何一方都不能随意变更或解除。如果一方要变更或解除，必须取得另一方的同意。因此，魏大爷在签订遗赠扶养协议后，虽然又单方面公证了多份遗嘱，也丝毫不能改变遗赠抚养协议中的相关约定。

胎儿也有遗产继承权利

现实生活中，由于种种原因，一些人还没有出生，父亲就因故离世。在这种情况下，母亲肚子里的胎儿有没有继承父亲遗产的权利呢？

董老伯夫妻共生育了三个儿子。妻子不幸早逝后，董老伯没有再娶，他独自抚养三个孩子长大，并且给他们先后成了家。不幸的是，董老伯的小儿子董某良在成家后不久，就在一次车祸中去世了，留下了已经怀孕的妻子美美。

听到儿子过世的消息，年老体弱的董老伯受到严重打击，突发疾病，抢救无效，也离开了人世。安葬完父亲和弟弟后，董老伯的大儿子与二儿子两个人开始商量遗产的事情。

兄弟两个人首先将父亲董老伯遗留下来的存款和楼房进行了平分，之后又向弟弟的妻子美美提出了财产要求，希望能够平分弟弟董某良的一半遗产。

兄弟两个人认为，弟弟已经去世，弟媳妇美美是外姓人，迟早是要改嫁的，最多只能作为配偶分出一半家产，弟弟的那一半应该让他们兄弟继承。弟媳妇美美肚子里的孩子虽然是弟弟的，但是还没有出生，不能算数，而且给肚子里的孩子分遗产，最终还是会落到弟媳妇手里。

美美却不同意两位哥哥的说法，她认为不让她们母子继承父亲董老伯的遗产也就罢了，现在还要剥夺自己孩子的继承权，实在太过分了。为此，美美诉至法院，要求保护腹中胎儿的合法权益。

《中华人民共和国民法典》第十六条规定，涉及遗产继承、接受赠与等胎儿利益保护的，胎儿视为具有民事权利能力。但是，胎儿娩出时为死体的，其民事权利能力自始不存在。

《中华人民共和国民法典》第一千一百五十五条规定，遗产分割时，应当保留胎儿的继承份额。胎儿娩出时是死体的，保留的份额按照法定继承办理。

法院审理后认为，应当保护胎儿的合法继承权利，对于董某良的遗产，美美和胎儿都有继承权。关于董老伯的遗产，虽然小儿子董某良已经死亡，但是美美腹中的胎儿可以代位继承。所以，法院判令：董某良的遗产由美美和腹中胎儿继承，两名被告退回董老伯相应的遗产份额作为胎儿应继承遗产的保留份额。

| 随 感 |

自然人的民事权利能力是自然人享有民事权利、承担民事义务的资格。自然人的民事权利能力，始于出生，终于死亡。因此，未出生的胎儿不具有民事权利能力，也就不具有享有民事权利、承担民事义务的资格。但是，现代民法大都对胎儿利益的保护作出规定，在一定范围内赋予胎儿民事权利能力，以保障胎儿的利益，充分彰显民法的人文关怀。

在民法典之前，我国继承法对胎儿采取保留继承份额的原则，胎儿不具有继承权，只拥有继承遗产的民事权益。民法典对此进行了修改，将胎儿拥有的继承利益改为继承权，并将胎儿利益的保护范围扩大到接受赠与。也就是说，在涉及遗产继承、接受赠与等胎儿利益保护的，法律认可胎儿具有民事权利能力。

在被继承人死亡后，继承开始，胎儿可以成为遗产的继承人，可以拥有财产的所有权。不过需要明确的是，胎儿继承的条件是娩出时为活体。如果胎儿娩出时是死体的，就不存在需要保护的对象，则其民事权利能力自始不存在。

继承权不因再婚受影响

在我国，夫妻一方死亡后，在尚未实际继承、分割遗产前，另一方再婚的情况普遍存在。在这种情况下，再婚者还能继续享有继承权吗？

高大爷和孙大妈夫妻没有子女，两个人相依为命。孙大妈当年提前退休，退休工资不高。而高大爷的身体不太好，平时看病吃药花销巨大，所以夫妻二人基本没什么存款。所幸高大爷有两处房子，老两口住一套，另外一套出租出去，以支撑开销。

这一年，由于健康原因，高大爷病逝。原本孙大妈应该得到高大爷一半的遗产。可是，由于种种原因，遗产并没有很快分割清楚。就在这个时候，孙大妈遇到了张大爷，两个人情投意合，很快组建了新的家庭。

高家人认为，孙大妈在还没有遗产分割清楚之前就选择再婚，与高大爷的婚姻已经完全结束，已经不是高家的人，她的遗产继承权就应该自动消失。

孙大妈认为，自己应该享有继承权。高大爷生前，孙大妈一直尽心尽力照顾高大爷，二人感情非常好。认识张大爷也是在高大爷去世后的事情，选择再婚是因为她没有儿女，想要为自己下半辈子找个依靠，不能因为她的再婚而取消她的继承权。因此，孙大妈找到律师，希望通过法律维护自己的合法权益。

律师听了孙大妈的情况介绍后，给她做了法律剖析。《中华人民共和国民法典》第五十一条规定，被宣告死亡的人的婚姻关系，自死亡宣告之日起消除。第一千一百二十一条规定，继承从被继承人死亡时开始。第一千一百五十七条规定，夫妻一方死亡后另一方再婚的，有权处分所继承的财产，任何组织或者个人不得干涉。

这也就是说，其实从高大爷去世开始，孙大妈与他的婚姻关系就已经不存在了，并不是说孙大妈改嫁以后才不存在婚姻关系的。同时，从高大爷去世的时候，继承也已经开始，孙大妈作为合法继承人，已经取得了现实继承权。虽然在遗产分割以前没有实际取得该财产，但该财产已经依法归孙大妈所有。

显然，高家人的做法是无理且不合法的。律师找到高家人，希望双方和解。同时孙大妈和张大爷表示，由于高家的两个侄子对高大爷也是十分照顾，看病住院等时候他们也出了不少力。所以，在孙大妈过世后，自己分到的房子会留给两个侄子继承，并在律师的帮助下，做了遗嘱公证。

｜随 感｜

再婚对于很多人来说已经不是一个陌生的词语了。随着经济的发展，人们思想的日渐转变，很多人不会再像以前一样，即便婚姻不幸，也因为周遭的人的眼光而不敢离婚了。

再婚对老年人来说，不仅在生活上可以互相照顾、互相扶持，而且更重要的是精神上的互相沟通和慰藉，这样在心理上能达到平衡，精神上也可以放松，使人愉快地度过幸福的晚年，享受人生的最后阶段。

婚姻自由是我们每个人基本的权利。如果有人以继承权为由限制我们的婚姻自由，我们在努力保护家庭和谐幸福的同时，还要懂得运用法律武器，保护个人合法权益。作为子女，我们也应该积极支持父母的决定，给父母一个幸福美满的晚年。

"父债"不一定"子还"

在现实生活中，遗赠的事情时有发生。遗赠是遗赠人单方的法律行为，我们可以拒绝别人的遗赠吗？如果我们接受了遗赠，是不是还要替人还债呢？

洪大爷的妻子早年间已经过世，两人有一个儿子小洪。洪大爷有一处楼房和一处平房，楼房给儿子居住，自己在平房居住。

在洪大爷60岁的时候，认识了无儿无女的满阿姨，二人便在一起生活。由于两人年纪已经大了，认为去领取结婚证会让人家笑话，所以二人便没有办理婚姻登记。但是，洪大爷有遗嘱，过世后，将自己的平房送给满阿姨。

几年后，洪大爷听说"庭院经济"赚钱，不仅自己搞蝎子养殖，还动员亲戚和乡亲，跟他们签订协议，先打欠条，赚钱后再给他们分利益。但是，后来洪大爷被骗，钱全打了水漂。

乡亲们看洪大爷赔了钱，纷纷上门，要求还钱。洪大爷一气之下，病倒在床，不久就离开了人世。见到洪大爷去世，乡亲们又都拿着欠条，找到了洪大爷的儿子。看到父亲的欠债，小洪只得认命。但是洪大爷欠债实在太多，小洪根本无力偿还。后来骗子虽然落网，但是被骗的钱财却没有追回来。

小洪无奈，只好来到父亲的平房，要求满阿姨搬出去，想着把房子卖了还账。可是满阿姨无处可去，便一直没有搬离。小洪不知道怎么办才好，便请求法律援助。

《中华人民共和国民法典》第一千一百六十二条规定，执行遗赠不得妨碍清偿遗赠人依法应当缴纳的税款和债务。

《中华人民共和国民法典》第一千一百六十三条规定，既有法定继承又有遗嘱继承、遗赠的，由法定继承人清偿被继承人依法应当缴纳的税款和债务；超过法定继承遗产实际价值部分，由遗嘱继承人和受遗赠人按比例以所得遗产清偿。

根据法律，小洪属于法定继承人，理应负责洪大爷欠下的债务。可是小洪拿出自己的存款，也卖了自己得到的楼房，依旧不够偿还债务的，在这种情况下，只能由小洪和满阿姨一起还债。最终，法院裁决：满阿姨按照得到遗产的比例，与小洪一起以所得遗产偿还洪大爷欠下的债务。

｜随 感｜

❖

"父债子还"，这是我国流行多年且一直有争议的老话题，父母的债务是否要子女偿还，需要根据具体情况来确定。

其实我国现有法律体系中，"父债子偿"不是强制性规定，父母与成年子女均是独立的民事主体，各自对自己的民事行为后果负独立责任；但在特定情形下，子女需要承担父母对外的债务。

作为继承人，如果接受了遗产，要以所得遗产实际价值为限清偿被继承人的债务。也就是说，子女继承多少遗产，其偿还债务的限额也就是多少。子女自愿替父母偿还超过遗产实际价值其他债务的，法律也是支持的。

但是，用继承的遗产偿还的，应当是被继承人生前所欠合法债务。例如：父母生前经营活动所欠债务等，若父母生前因赌博欠债等，因不受法律保护，子女可以拒绝偿还。另外，子女放弃继承的，对被继承人的债务不承担清偿责任。

虚拟财产也可以继承

随着网络科技的发展，微信、公众号、个人QQ、抖音号、支付宝账户、淘宝网店等虚拟财产也存在一些继承方面的争议。那么，淘宝网店可以继承吗？

牛某红的丈夫任某强注册了一个淘宝店铺，出售二手笔记本电脑，经过八年的精心打理，网店的信誉已刷新到三颗皇冠等级，属于极高信誉的老店。

不幸的是，任某强在一次车祸中去世。妻子牛某红处理了任某强的房产、存款等遗产后，想起家里还有丈夫生前为经营网店而储存、购进的近10万元的二手笔记本电脑，于是打算继续用任某强注册的网络店铺将这些藏品在网上出售。

但是，当牛某红打开网店，准备进行线上交易时，却发现网店与丈夫任某强的银行账户关联。因任某强的银行账户都已经办理注销手续，所以网店无法进行钱款往来，该网店因此被冻结了。

随后，牛某红找到网络电商平台的管理者"店小二"，说明任某强已去世，作为妻子想继续经营的想法。"店小二"表示，牛某红要通过办理店铺继承的方式，将网络店铺更名到自己名下，才可继续经营网店活动。

为此，牛某红来到公证处求助。公证人员在了解到牛某红的情况后，联系了该网络平台的管理者，得知对于淘宝店铺的继承，阿里巴巴公司也经历了一个逐步完善、逐步规范的过程，现在已形成了相对固定的程序。

经过讨论大家一致认为，淘宝店铺虽然是虚拟店铺，但其注册、经营过程中所产生的名称、信用等却涉及了财产利益，而这些财产利益则是受法律保护，也能够继承的。

《中华人民共和国民法典》第一百二十四条规定，自然人依法享有继承权。自然人合法的私有财产，可以依法继承。

《中华人民共和国民法典》第一百二十七条规定，法律对数据、网络虚拟财产的保护有规定的，依照其规定。

公证处参考实体财产继承程序，让牛某红出示了个人身份证明、结婚证、任某强的死亡证明以及网店相关信息等手续后，为牛某红办理了网络店铺遗产继承公证，帮助牛某红顺利完成了店铺更名过户手续。

对此，公证处公证人员解释说，随着互联网逐渐深入百姓生活，虚拟财产也呈多样化的发展趋势，现实中虚拟财产的交易、继承、分割等事项越来越多，交易双方出于对自身权利的保护，迫切需要有一个中立的法律服务机构能够为虚拟财产提供相应的法律保护。显而易见，公证机构所具有的证明、监督、沟通、规范、保障的职能则最为契合这样的需求。

┃随　感┃

每个人都珍视财产。只要它们能给人们带来特有的便利、满足甚至幸福，人们不会在意这些财产究竟是有形还是无形，是现实还是虚拟。正因如此，从游戏装备纠纷到 QQ 号码继承，再到淘宝网网店分割，网络虚拟财产争议与日俱增。在这种情况下，网络虚拟财产的法律保护和纠纷的解决就显得尤为重要。

《中华人民共和国民法典》第一百二十七条内容虽然简单，但意义重大，因为它弥补了我国法律在虚拟财产保护问题上的空白，明确了数据、网络虚拟财产的财产属性，迈出了法律全面保护虚拟财产的第一步。尽管如此，虚拟财产继承问题，依然是司法实践中的难点，需要我们的法律进一步完善。

CHAPTER 3

侵　权

告别"同命不同价"时代

现实生活中，交通事故、医疗事故、工伤事故等时有发生。在这些事故中的人身损害赔偿标准都一样吗？

刘大哥是农村户口，但因土地被征用，早已不靠种地为生。凭借着一手理发的好手艺，刘大哥开了一家理发店。妻子平时打点零工，补贴家用。

夫妻俩育有两个女儿，大女儿 16 岁，正在读高中，小女儿还在上小学，家中还有刘大哥年近八旬的老母亲。一家五口，生活不算富裕，却也平淡安心。

天有不测风云。一天，刘大哥骑摩托车的时候，被陆某飞驾驶的小轿车撞倒，抢救无效死亡。经交管部门认定，陆某飞负主要责任，刘大哥负次要责任。陆某飞也因犯交通肇事罪被判刑。

家里的顶梁柱没了，孤儿寡母三代人顿时没了依靠，还不得不面对一场官司。因赔偿事宜未能达成一致，刘大哥的家人在陆某飞被判刑后提起民事诉讼。

《中华人民共和国民法典》第一千一百七十九条规定，侵害他人造成人身损害的，应当赔偿医疗费、护理费、交通费、营养费、住院伙食补助费等为治疗和康复支出的合理费用，以及因误工减少的收入。造成残疾的，还应当赔偿辅助器具费和残疾赔偿金；造成死亡的，还应当赔偿丧葬费和死亡赔偿金。

法院一审判定陆某飞负全部责任，赔偿死者家属各类赔偿金166万余元。其中，扣除先行支付的7万余元，保险公司还须赔偿61万元，陆某飞须赔偿98万余元。

可是，陆某飞对刑事、民事判决均不服，既不认罪也不认赔，所以提出了上诉。

此案争议的焦点在于刘大哥死亡赔偿金等的计算标准到底是按照城镇标准还是农村标准。肇事司机陆某飞认为，刘大哥是农村户籍且居住在农村，就应该按照农村标准来计算赔偿金。

在以往的司法实践中，人身损害赔偿通常都是依据受害人是城镇居民还是农村居民身份，来区别计算残疾赔偿金、死亡赔偿金、被抚养人生活费等。户籍不同，会造成赔偿金额上的巨大差异。

在此案中，如果按农村标准来计算死亡赔偿金，肇事司机陆某飞只须赔偿60万元左右，这笔钱用保险公司的理赔款就够了，个人不需要再承担一分钱。

如果按照城镇户口标准来计算，赔偿总额达到166万元。而相差的这100万元，对于失去主要经济来源的一家人来说，无疑是今后生活的希望和支撑。

刘大哥一家的援助律师表示，是按照农村户口还是城镇户口标准判赔，不应只从户籍登记来判断，还应着重从受害人经常居住地及主要生活来源等因素考虑。

律师向二审法院提交了村委会开具的农村土地承包经营权流转委托书，证明刘大哥虽然户籍登记地在农村，因土地被征用，并不在农村工作、生活，属于"人户分离"。

此外，村委会还证明，刘大哥多年靠经营美容美发业务为生，其经济收入生活来源并非务农所得，村里从未向刘大哥发放生活补贴等任何款项。刘大哥的微信交易记录也能看出，他的主要收入都是美容美发。

另外，根据《中华人民共和国民法典》第一千一百八十条明确规定，因同一侵权行为造成多人死亡的，可以以相同数额确定死亡赔偿金。这也从侧面说明，人身损害赔偿不能仅仅以户籍不同来决定。

律师在法庭上据理力争，表示刘大哥在农村没有土地，已与农村和农业生产相分离，其在日常生活、收入来源等方面与城镇户口的居民基本一样。所以，对刘大哥的死亡赔偿金应按城镇居民标准进行赔偿，更能保护受害人的合法权益，更有利于司法公正。

最终，二审法院采纳了律师的辩护意见，判决驳回陆某飞的上诉，维持一审原判。这166万元赔偿金，也为沉浸在悲痛中的一家人带来了一丝抚慰。

｜随　感｜

长期以来，因为城乡二元体制，我国实行的死亡赔偿金标准根据死者的户籍性质不同，分别按城镇居民人均可支配收入、农村居民人均纯收入计算。这就导致即使在同一起事故中死亡的两个人，得到的赔偿金数额却有所不同。

随着我国城乡一体化进程加速和户籍制度改革，更多农民涌入城市谋生、定居或求学。消除城乡差距、实行统一的赔偿标准，符合社会生活实际，也彰显了法律面前人人平等，是大势所趋，人心所向。

法律的严肃性和公正性很重要的一个方面就是能最大限度地保护弱者利益。因此，关键要在法律框架内消除不公平待遇，完善相关法律条文，才能促进社会公平正义。

无偿搭乘可以减轻责任

上下班路上，开车捎同事一段儿，或搭了同事的便车是日常时有发生的事儿，亲朋好友出行互相搭乘也属正常。但是，如果在搭载的过程中不幸发生交通事故，搭便车的人受了伤，司机需要承担赔偿责任吗？

临近高考，陈大妈和几位好朋友相约到某地为子女祈福，同村的李某某有一辆面包车，他正好需要去那边办事，于是让陈大妈等人免费"搭便车"。

但是陈大妈为人厚道不爱占人便宜，非要给一些钱。李某某拧不过陈大妈，最终答应，陈大妈几个人每人支付给他100元加油费。就这样，他们五人向着目的地出发了。

天有不测风云，在快到达目的地时，李某某驾驶的汽车与迎面而来的货车相撞，巨大的冲击将李某某的车撞飞数米高，好在李某某死死握住了方向盘，才不至于翻车，车里的人也都在出发前系好了安全带。

但不幸还是发生了，坐在副驾驶的陈大妈因嫌安全带勒得紧，在出发后半小时就偷偷地松开了安全带，悲剧就这样来了，车辆相撞时巨大的冲击力使陈大妈生生撞在了前挡风玻璃上。

李某某醒来时，看着不省人事的陈大妈，忍不住失声痛哭。虽然附近不远处有一家医院，救护车也很快到达了现场，但已是于事无补，陈大妈经抢救无效死亡。

交管部门出具《道路交通事故责任认定书》，认定疲劳驾驶的货车司机负主要责任，李某某负次要责任。陈大妈的丈夫向李某某要求赔偿损失，但李某某拒绝赔偿。陈大妈的丈夫向法院起诉要求包括李某某在内的事故责任人赔偿共计60万元。

法院审理此案认为：李某某对陈大妈等人负有安全注意义务，所以应该担负赔偿责任，但是需要适当减轻责任。《中华人民共和国民法典》第一千二百一十七条规定，非营运机动车发生交通事故造成无偿搭乘人损害，属于该机动车一方责任的，应当减轻其赔偿责任，但是机动车使用人有故意或者重大过失的除外。

虽然陈大妈等人支付给李某某一笔加油费，但是搭乘人给予车辆供乘人一定的成本费用不影响无偿搭乘行为的成立。因此，法院认为被告关于无偿搭乘的主张成立，应适当减轻李某某的赔偿责任，减轻的比例以5%为宜，判决李某某赔偿陈大妈10万元。

随 感

免费搭车即搭顺风车，是一种无偿的好意施惠行为。多发生在熟人之间，车主是基于好意载人一程，乘车人也知道车主是在好意帮自己。让人搭顺风车是一种善意施惠行为，实质是助人为乐，体现了友善的社会主义核心价值观，值得提倡。

但搭乘者无偿或以较小成本乘坐他人车辆，并不意味着他们甘愿冒一切风险。因此，司机依然负有保障搭乘者人身和财产的安全注意义务，好意让别人"搭便车"并不会免除责任。

搭顺风车，无论是车主还是乘车人，都要意识到其中的风险。车主得为自己的搭载行为负起责任，提高交通安全意识，为自己和乘客的生命安全负责；无偿搭乘人要对此次搭乘可能存在的风险有所意识，谨慎选择是否搭乘顺风车。

因为搭顺风车大多数发生在熟人之间，这会让车主和搭乘人都降低交通安全意识和责任意识，所以更应提高对无偿搭乘事故责任认定的了解，避免不必要的纠纷发生。

遗失病历也要照样担责

现实生活中，医患纠纷时有发生。如果医院方称将患者的病历丢失，致使医疗事故技术鉴定不能进行，那么患者是否得不到合理的补偿呢？

莹莹出生时，由于母亲的羊水浑浊，而出现缺氧的症状。医院医护人员随即对其进行了清理呼吸道、吸氧等救治措施。几天后，莹莹正常出院，然而没过多久，她就出现了异常。

家人带莹莹到儿童医院诊治，被确诊为癫痫。其后，家人先后带莹莹去了多家国内医院，均未能治愈。爸爸妈妈认为是莹莹出生时出现脑缺氧，而接生医院未采取有效措施及时救治，贻误了最佳治疗时机造成的。

莹莹家人多次和被告医院协商赔偿事宜，由于双方分歧较大，未能达成一致意见。于是莹莹的家人将医院诉至法院。

在诉讼过程中，莹莹的家人申请法院委托当地医学会对莹莹的伤残等级进行了鉴定，结论为：莹莹目前状况对应的医疗事故等级为三级乙等。

但是，被告医院却声称，由于管理不善，将莹莹大部分病历丢失，以至于医疗事故技术鉴定不能进行。如果不能进行鉴定，就意味着无法进行责任认定，这让莹莹一家对于获得赔偿失去了希望。

此间，法院对此案进行了审理。根据《中华人民共和国民法典》第一千二百二十二条规定，患者在诊疗活动中受到损害，有下列情形之一的，推定医疗机构有过错：（一）违反法律、行政法规、规章以及其他有关诊疗规范的规定；（二）隐匿或者拒绝提供与纠纷有关的病历资料；（三）遗失、伪造、篡改或者违法销毁病历资料。

另外，《卫生部关于医疗机构不配合医疗事故技术鉴定所应承担的责任的批复》第一条明确规定，医疗机构违反《医疗事故处理条例》的有关规定，不如实提供相关材料或不配合相关调查，导致医疗事故技术鉴定不能进行的，应当承担医疗事故责任。

本案中，被告医院管理不善，将莹莹大部分病历丢失，致使医疗事故技术鉴定不能进行，故对莹莹的损害后果应当承担医疗事故责任。原告的诉讼请求范围以及数额不违反法律规定，且被告均予以认可，故予以支持。因此，法院依法判决被告医院一次性赔偿莹莹医疗费、住院伙食补助费、残疾补助金、交通费等相关费用。

｜随　感｜

病历是指医务人员在医疗活动过程中形成的文字、符号、图表、影像、切片等资料的总和，包括门诊病历、急诊病历和住院病历。保留病历的意义非常重大，无论从节约费用的角度还是从保存证据的角度来说，广大患者要注意保存病历本。

从某种意义上说，门诊病历相当于一个人的健康档案，它记录了病人患病的经过和大夫所采取的治疗措施。因此，在复诊时，它是医生确立诊断、治疗和落实预防措施的重要资料。

有完整规范的病历，能记录整个病变过程，可以避免重复检查和重复用药，减少不必要的开支。另外，若病人对诊治结果不满意或者说万一医生用错药产生医疗纠纷，那就是一份最有说服力的证据。

患者对于病历资料的主要权利就是复印或者复制权，以及医患双方发生医疗事故争议时对病历资料的封存权。患者要求复印或者复制病历资料的，医疗机构应当提供复印或者复制服务，并在复印或者复制的病历资料上加盖证明印记。

医疗美容要选择正规机构

　　随着人民物质生活和精神文明水平的不断提高，医疗整形美容行业也得到了不断发展。如果在医疗美容时受到伤害，能受到法律保护吗？

　　爱美的王姑娘一直对自己的"大象腿"不太满意，因此很少穿裙子出门。女明星们又直又长又白又细的美腿经常让她羡慕不已，梦想自己有一天也能有一双可以穿超短裙的美腿，因此对美腿的广告非常关注。

　　一次，通过某网络平台，王姑娘了解到某整形机构提供的瘦腿服务项目，十分动心。于是分两次共计花费6000多元在该医疗整形机构进行了瘦腿针注射项目。

　　没想到，第二次注射几天后，王姑娘便出现严重的头晕恶心、全身无力、心慌气短、呼吸困难等症状，就医后被诊断为肉毒素中毒，王姑娘因此住院一个月。

　　王姑娘认为由于某整形机构的失误，造成其身心受到严重伤害，构成侵权，应当承担赔偿责任。同时认为网络平台没有对该整形机构的资质进行严格的审查，也应为自己受到的伤害承担赔偿责任。

　　王姑娘将两家公司起诉至法院，请求判令某整形机构赔偿医疗费、误工费、交通费、伙食补助费、营养费、护理费、精神损失费共计20万元，网络平台承担连带责任。

《中华人民共和国民法典》第一千二百一十八条规定，患者在诊疗活动中受到损害，医疗机构或者其医务人员有过错的，由医疗机构承担赔偿责任。

《中华人民共和国民法典》第一千二百二十一条规定，医务人员在诊疗活动中未尽到与当时的医疗水平相应的诊疗义务，造成患者损害的，医疗机构应当承担赔偿责任。

经司法鉴定，某医疗整形机构对王姑娘的诊疗行为存在医疗过错，其医疗过错与王姑娘的损害后果之间存在因果关系，建议原因力大小为"主要"。

一审法院审理认为，某医疗整形机构对于王姑娘的损害后果过错参与度应为70%，应承担相应的赔偿责任。针对王姑娘对网络平台提出的赔偿要求，法院审理认为，其提交的证据不足以证明该平台存在过错，对其赔偿诉求，不予支持。综上，一审法院判决医疗整形机构赔偿王姑娘各项损失共计8万元。

王姑娘不服一审判决，提起上诉，要求某医疗整形机构承担全责，并赔偿自己精神损失。

王姑娘上诉称，她在第一次注射后，就已经告知某医疗整形机构，出现了头痛、恶心、腿抽筋等现象，但该机构却表示这是正常反应，第二次注射效果更好，于是自己才放心进行了第二次注射。

王姑娘认为，在该医疗事故中，自己尽到了应尽的注意义务，没有过错。只是由于某医疗整形机构严重违反医疗操作规程，造成肉毒素中毒的严重后果。请求法院判令该医疗整形机构承担全部责任。

二审法院审理认为，王姑娘在第一次注射后就出现不适反应，结合知情同意书，应当及时就诊以诊断身体不适原因并给予适当治疗，但其本人未尽到谨慎的注意义务，又进行二次注射，对损害结果的发生，具有一定过错。一审法院根据鉴定意见，结合争议双方的过错程度以及对损害结果提供的原因力大小，厘定是非并划分责任，处理适当，应予维持。

针对王姑娘精神损害索赔诉求，二审法院审理认为，在卷证据并不能证明因加害行为造成严重损害结果，因此，一审法院依据现有证据未支持精神损害抚慰金，并无不当。最终，法院作出终审判决，驳回上诉，维持原判。

| 随 感 |

❖

随着人民生活水平的不断提高和广大人民群众对医疗保健需求的不断增加，医疗整形美容行业也得到了不断发展，每年有很多人接受各类医疗整形美容手术。

区别于传统美容，医疗美容由于其侵入性和创伤性的特点，具有一定风险。一些女性为了追求时尚不惜花费大量的钱做美容整形，结果，美容不成，反被丑容，甚至毁容。

一些达不到医疗机构基本标准的非正规诊所、美容院、美甲店等有恃无恐地开展医疗美容服务，这些机构大多未取得审批、硬件条件简陋、器械多次重复使用、缺乏严谨的流程，极易造成传染性疾病和交叉感染。

许多医美产品本身，就具有风险性。如案例中的肉毒素，本质上是一种神经毒素，用量过多和操作不当都可能带来严重的后果。正规医疗机构对肉毒素的管控十分严格，具有"毒麻药"管理资质的医师须每两年重新考证。

医美乱象频发，消费者如何避免被"坑"？这里提醒大家，谨慎选择正规医美机构，理性对待医美风险，切勿因他人介绍或过于关注广告效果而冲动接受医疗美容服务。

接受服务前可通过网络公开平台查询就诊机构的医疗机构执业许可证、医护人员资质，或查看医美机构有无张贴相应医疗机构执业许可证，或主动要求医疗机构出示相应资质材料。

爱犬死亡获精神赔偿

现在很多人都喜欢养宠物，并且在宠物身上投入了相当大的情感。一旦宠物出事，往往伤心不已。如果自己的宠物被别人的宠物伤到了，我们可以要求精神赔偿吗？

郭奶奶年纪大了，儿女经常不在身边。女儿美美怕她孤单，于是为她购买了一只贵宾犬。这只小狗身材短小，毛发洁白，眼睛扑闪扑闪的，一见人就摇尾巴，十分惹人喜爱。

更巧的是，这只贵宾犬的出生日期和郭奶奶的女儿美美生日是同一天，更让郭奶奶一家人觉得它是上天送给他们的礼物，大家都对它关爱备至，并为它取名叫"小玉"。

后来，小玉又生下几只可爱的小狗，一家人更是欢喜无限，对小玉百般呵护和疼爱，买最好的狗粮给它吃，还经常带它去宠物店做洗护和修剪。

一转眼，小玉已经在郭奶奶家生活了八年，郭奶奶一家对小玉产生了深厚的感情。郭奶奶的手机里全是小玉从小到大的照片和视频，对郭奶奶而言，小玉是自己的另一个"女儿"，是这个大家庭不可或缺的"成员"。

然而，悲剧发生了。一天，郭奶奶将爱犬小玉送到宠物店进行日常的洗护和修剪便回去吃午饭，郭奶奶吃完午饭后便去接小玉回家，在宠物店内等了十分钟，店员仍然没有将小玉送下楼，后接到店主电话说小玉被送到了医院抢救，但是抢救无效已经死亡。

郭奶奶悲愤不已，她实在想不通好好的小玉怎么就突然去世了。店主告知郭奶奶因宠物店店员看管不到位，导致其他客人寄放的大型犬将小玉活活咬死。

宠物医院为郭奶奶出具了小玉的《急救死亡证明》，其中这样写道："送本院时口部大量血迹，右眼突出，头部和后肢有外伤。送本院时心跳微弱，呼吸不明显，瞳孔无回缩反应，经过本院抢救无效死亡，确定无心跳后告知死亡。"

郭奶奶的女儿得知这个消息后嗓子都哭哑了，为了处理这件事情两三天没有睡觉，这个噩耗让他们全家身心都受到了严重的伤害。尽管有万般不舍，为了让爱犬早日入土为安，郭奶奶一家还是在宠物服务中心火化并安葬了小玉。

此后，郭奶奶与宠物店进行了沟通，要求赔偿自己精神损失费。可是店家却只愿意赔郭奶奶一只同样品种的小狗。最终，悲愤的郭奶奶一家将宠物店告上法庭。

在向法院提交的材料中，郭奶奶这样写道："小玉就是我们的家人，我们一直都很爱它。我难以想象它在被大狗咬上脖子的那一瞬间该是多么无助、惊恐和绝望啊！"

被告宠物店在庭审中表达了对郭奶奶诚挚的歉意和对小玉死亡的深深遗憾，并表示愿意按照贵宾犬的市场价格进行赔偿。但是郭奶奶主张的精神损失费和律师费，宠物店不同意支付。

宠物店认为，小玉作为宠物，按照养犬习惯，虽说作为郭奶奶家中的"成员之一"，但不能因此将狗"拟人化"。小狗不具备与人相类似的情感及动作，不具备拟人化的构成要素，不能视为具有人格象征意义，因此请求驳回郭奶奶精神损失费的要求。

根据《中华人民共和国民法典》第一千一百八十三条规定，侵害自然人人身权益造成严重精神损害的，被侵权人有权请求精神损害赔偿。因故意或者重大过失侵害自然人具有人身意义的特定物造成严重精神损害的，被侵权人有权请求精神损害赔偿。

法院审理认为，对于郭奶奶一家人来说，宠物狗是具有人身意义的特定物，宠物狗的死亡给饲养者郭奶奶一家带来极大的悲痛，郭奶奶一家有权请求精神损害赔偿。最终，经过法院调解，双方达成协议，由宠物店一次性赔偿郭奶奶1万元，并出具书面致歉信。

▎随　感▎

❖

随着我国居民生活水平的不断提高，宠物越来越成为人们生活中不可缺少的一部分，它们逐渐成为我们的家庭成员，分享着我们的喜怒哀乐，正像案例中的小玉对于郭奶奶一家那样。

宠物既是我们的财物，但是又与一般的财物不同。大多数人养宠物都是为了精神上的需要，宠物在他们的情感上具有不可替代的位子。宠物受到不法伤害，主人肯定万分痛苦，当然应该获得精神损害赔偿。本案最终支持了郭奶奶一家精神损害赔偿的诉求，体现了法应随社会生活的变化而进步的理念。

体育活动受伤谁来负责

在参加体育活动时，往往会发生意想不到的伤害。在这种情况下，受到伤害的人应该找谁负责呢？

梁某超与鲁某达是同学，都非常喜欢体育运动，是学校篮球队的队员。一天下午，两个人与其他同学一起在学校操场打篮球，当时二人是队友，和其他球员进行分组对抗。

在一次争抢界外球的时候，由于鲁某达拿球后双手手肘向外屈伸，梁某超争抢篮板球，结果被鲁某达撞伤鼻骨，立即被送往校医院进行处理。

后经司法鉴定，梁某超为十级伤残。于是向法院提起诉讼，请求判决鲁某达赔偿自己医疗费、误工费、护理费、伤残补助金等费用5万元并承担本案的诉讼费。

《中华人民共和国民法典》第一千一百七十六条规定，自愿参加具有一定风险的文体活动，因其他参加者的行为受到损害的，受害人不得请求其他参加者承担侵权责任；但是，其他参加者对损害的发生有故意或者重大过失的除外。

法院经过审理后认为，篮球运动具有对抗性特点，队员之间在快接投篮、防守和抢攻运动中身体接触概率极高，在激烈的对抗运动中，很难要求行为人每次在做出下一个动作之前都要经过大脑的慎重考虑。因此，篮球运动中常规性身体接触带来的碰撞伤害是常见现象。而且，在本案中，鲁某达和梁某超是队友，不存在故意伤害的动机和证据，也不属于重大过失，因此不应承担责任。

最终，法院判决驳回原告梁某超要求被告鲁某达赔偿医疗费、误工费、护理费、伤残补助金等费用的诉讼请求。案件受理费 100 元，由原告梁某超负担。

｜随 感｜

✤

在日常生活中，因为体育运动伤筋动骨的事情时有发生，特别是学生参加校内体育活动受伤，心急如焚的家长势必会"寻根问底、追究责任"，甚至出现到学校"讲理"的场景。

为人父母的心情都可以理解，但在校园运动损伤的责任认定上也存在模糊不清的地带。究竟校方是否要担责，导致运动损伤的学生是否要赔偿呢？这些责任无法厘清，势必影响校园体育互动的数量和质量，也直接影响校园体育场馆向社会开放的进程。

为了规避运动风险，一些学校简化体育课，减少运动量，这并不利于孩子的健康成长，也非家长所愿。

在这种情况下，民法典确立的"自甘风险"原则，积极回应了新时代的社会发展需求，破解文体活动担责难题。该原则是新增的免责条款之一，会产生减轻或免除加害人赔偿责任的后果，让责任承担更加公平，也为全民健身打开另一扇门。

这项新的法律规定提醒我们：参加活动前，一定要充分了解此项活动的形式和特点，全面考察活动组织者的安全保障能力，且结合自身身体情况，合理预估活动风险，最终决定是否参加此项活动。

在活动中应增强自我保护意识，妥善采取安全保护措施，避免危险发生。活动中要尽到注意义务，遵守规则，避免对同伴人身造成损害，若对损害的发生有故意或者重大过失，则须承担赔偿责任。

霸王餐并非那么好吃

有人吃霸王餐，饭店老板能扣人吗？有人欠债不还，债务人可以擅自搬东西抵债吗？有人交通肇事后意欲逃跑，受害人能自行采取措施进行阻拦吗？

某景区风景怡人、游人如织。大厨陈小锅用自己手头的古方开发出一整套食谱，在景区内开了一家私厨餐厅。由于菜品极具特色，生意火爆，一时成了网红打卡地。

马某宏和朋友刘某发慕名前来，在靠门的桌子坐下后点了草根香鸭、药膳鲍鱼等多道名贵的菜品。一番胡吃海喝之后，竟然趁人不注意，没有结账就要偷偷溜走。

马某宏和刘某发刚走出不远，就被餐厅安保人员发现。安保人员呼喊马某宏和刘某发买单后再走，然而两个人更是快步离开，安保人员只好沿路追赶。

最终，马某宏和刘某发被安保人员堵在巷口，带回餐厅。陈小锅要求马某宏和刘某发支付餐费1000多元，二人身无分文根本掏不出钱，反而恼羞成怒一直想挣脱控制离开，并扬言称店家没有权利扣留他们，给其造成的人身、财产、精神损失都要赔偿。

陈小锅当即拨打110报警。可是由于景区山高路远，派出所两个小时后才能到达。等待期间，马某宏借上厕所的时机准备跳楼逃跑，不幸摔伤，经抢救无效死亡。马某宏的继承人马某某等起诉要求陈小锅及其餐厅赔偿各项费用 40 多万元。

法院经过审理后认为，陈小锅及其餐厅人员的行为属于一种自助行为，在法律上是完全合法的。《中华人民共和国民法典》第一千一百七十七条第一款规定，合法权益受到侵害，情况紧迫且不能及时获得国家机关保护，不立即采取措施将使其合法权益受到难以弥补的损害的，受害人可以在保护自己合法权益的必要范围内采取扣留侵权人的财物等合理措施；但是，应当立即请求有关国家机关处理。

法院审理认为，被告人陈小锅等人的行为既不具有违法性，又不存在过错，与马某宏的死亡结果也并无因果关系。

马某宏作为一名成年人，对跳楼可能带来的损害后果应有足够的认知。而且，就算是其人身安全真的受到威胁，完全可以寻求正当保护，并对自己人身安全可能受到的威胁所致的损害与跳楼可能带来的损害之间也应该有所比较和判断。

最终，法院一审判决驳回了马某某等的诉讼请求。马某某等不服提起上诉。法院二审判决驳回上诉，维持原判。

｜随　感｜

此前，我国相关法律规定中并无关于自助行为的专门性规定。这就导致当事人在某些须行使自助行为的情境下顾虑重重，既担忧自己权益受损，又怕因采取自助行为而构成侵权。

民法典作此规定，就意味着在事态紧急时，受害人合法权益受到侵害可以采取合理措施进行自助。那如何正确把握并运用法律赋予的自助权利呢？

首先，必须是当事人的合法权益受到了侵害。如果受到"侵害"的所谓权益不是合法的，就不适用自助行为，例如两人参与赌博，为了索要赌资将欠账者扣押，就不属于应受法律保护的自助行为。

其次，必须是情况紧迫且不能及时获得国家机关保护，如果能及时获得国家机关保护也不能行使自助行为。同时，紧迫情况还得达到如果不立即采取措施将会使合法权益受到难以弥补的损害程度，如案例中，用餐的全是陌生人，如果餐厅不采取措施留住顾客，极大概率就会损失餐费，所以餐厅人员的行为是合法的。

"熊孩子"惹祸家长担责

孩子是天真烂漫的"小天使"，但有时也会成为令人头疼的"熊孩子"。如果"熊孩子"闯了祸，那谁应该负责呢？

课间休息期间，小冬手持着铅笔在教室的后墙边玩，小刚、莉莉也在小冬的身后玩耍。莉莉出于玩笑踢了小冬一脚，小冬猛回头看到小刚，误以为是小刚踢了他，便朝着小刚踢了一脚。

于是，小冬、小刚互推起来。在推打过程中，小冬手中的铅笔不慎刺伤小刚左眼。小刚受伤后，被送往医院治疗，花费医药费5000多元，医院预算后续治疗费需6～7万元。

小刚所花费医药费已由校方支出，小冬父母探望小刚时也拿出2000元。但对于后续治疗费，各方迟迟未能协商一致。小刚的父母将小冬及其监护人、学校告上了法庭。

鉴于小刚左眼修复所需后续治疗费的标准，只有病历上的医生建议作为依据，小冬父母在收到开庭传票后向法院提出司法鉴定申请，申请法院委托鉴定机构对其所需后续治疗费作出鉴定意见。

承办法官向小冬父母建议，考虑鉴定的风险和鉴定所需要花费的时间、精力和金钱，可以参加法官在开庭前组织的调解，如调解不成双方可以再选定鉴定机构。小刚父母、小冬的监护人、学校也同意在鉴定前参加庭前调解。

《中华人民共和国民法典》第一千一百八十八条规定，无民事行为能力人、限制民事行为能力人造成他人损害的，由监护人承担侵权责任。监护人尽到监护职责的，可以减轻其侵权责任。有财产的无民事行为能力人、限制民事行为能力人造成他人损害的，从本人财产中支付赔偿费用；不足部分，由监护人赔偿。

《中华人民共和国民法典》第一千二百零一条规定，无民事行为能力人或者限制民事行为能力人在幼儿园、学校或者其他教育机构学习、生活期间，受到幼儿园、学校或者其他教育机构以外的第三人人身损害的，由第三人承担侵权责任；幼儿园、学校或者其他教育机构未尽到管理职责的，承担相应的补充责任。幼儿园、学校或者其他教育机构承担补充责任后，可以向第三人追偿。

法官给双方解释，小刚和小冬均系年满十周岁的未成年人，属于限制民事行为能力人。小冬的侵权行为造成小刚人身损害，是主要责任方，其监护人应承担侵权责任。小刚在学校学习、生活期间受到小冬的人身损害，学校没有足够证据证明其已尽到教育、管理职责，所以也应当承担相应的补充责任。

经调解，小冬父母和学校均愿意对小刚的人身损害进行相应赔偿，而小刚的父母也同意对小刚的损伤自行承担一部分。最终，学校同意赔偿后续治疗费 2 万元，小冬父母赔偿 3 万元。

｜随 感｜

监护人将未成年子女交给学校，学校须承担教育、管理、保护责任，若其在学生人身受到伤害时未尽到教育、管理职责，应承担相应的责任，但并不意味着全部的监护责任均转移给教育机构。家长作为监护人，在日常生活中也应注重对孩子的安全意识教育，"熊孩子"在学校侵权，监护人要依法承担相应责任。

现实生活中，"熊孩子"很多，不仅有翻越栏杆摔伤的"熊孩子"、穿越车道门闸被卡住的"熊孩子"，还有在小区楼下玩捉迷藏、藏到高压变电箱中被电伤的"熊孩子"。

作为"熊孩子"的监护人，要切实履行监护义务，告诉"熊孩子"哪里不能去，哪些事情不能做，应及时制止视野中孩子的危险行为。对孩子的安全意识教育，需要学校、家庭和社会等多方共同努力，从而共同呵护未成年人的健康成长。

网络上也要有版权意识

在网络环境下，传统的知识产权保护体系受到前所未有的冲击。如果未经同意，作品被人在网络上使用，可以申请赔偿吗？

某网络文化公司在未经作者许可，也未支付稿酬的情况下，在其网站上使用了刘先生享有著作权的一篇作品，并在作品中署他人姓名用于商业性宣传。

刘先生认为，该网络公司未经同意使用自己的作品不支付稿酬，侵犯了自己的合法权益，请求法院判令某网络文化公司在公共媒体上向自己书面道歉，并赔偿自己因维权导致的经济损失 2 万元。

《中华人民共和国民法典》第一千一百八十五条的规定，故意侵害他人知识产权，情节严重的，被侵权人有权请求相应的惩罚性赔偿。根据《中华人民共和国著作权法》第五十二条规定，未经著作权人许可，发表其作品的，应当根据情况，承担停止侵害、消除影响、赔礼道歉、赔偿损失等民事责任。

法院经审理认为，刘先生系涉案文章及照片的作者，对涉案文章及照片享有著作权。某网络文化公司未经著作权人同意、在未支付稿酬的情况下转载涉案文章、照片，侵害了作者的作品信息网络传播权。法院判决某网络文化公司赔偿作者经济损失及合理开支 2500 元。

| 随 感 |

✤

本案是一起侵害作品信息网络传播权的网络侵权案件。信息网络传播权，即以有线或者无线方式向公众提供，使公众可以在其选定的时间和地点获得作品的权利。在网络环境下，未经版权所有人、表演者和录音制品制作者的许可，不得将其作品或录音制品上传到网上和在网上传播。

近年来，随着科技的迅猛发展，类似的网络侵权案件逐渐增多。本案的审理，也提醒广大网站、微信公众号的管理运营者应当尽到合理审慎的注意义务，如果转载他人文章或图片，一定要取得相应授权，否则极易侵害他人知识产权，产生纠纷。

隐瞒疫情后果很严重

　　病毒害人，隐瞒甚至谎报疫情带来的危害更严重，不但延误治疗、增加密切接触人的感染风险，更让全力救治患者的医护人员暴露在危险之中。隐瞒疫情会受到哪些可能的处罚呢？

　　何某月与丈夫张某光夫妻在某市经营一家餐饮店。疫情期间，夫妻二人驾车回到高风险区的老家，参加了亲属的葬礼和婚礼。此后，又驾车返回。

　　返回不久，何某月因为身体不适，前往医院急诊科就诊。经检查未发现何某月有感染新型冠状病毒的症状，医生给何某月开感冒药后，叮嘱何某月居家隔离14天，并将何某月属于疫区返回人员的信息反馈至其所在社区。

　　当天下午，社区工作人员前往何某月住处，与其签订《健康告知书》和《实施医学观察告知书》，要求其居家隔离。

　　何某月在被问及家庭成员情况时，故意隐瞒其与丈夫的情况。后来，社区工作人员了解到何某月系餐饮店经营者，要求她立即停止营业，何某月口头表示同意。

　　此后，何某月继续经营餐饮店。一周后，何某月被确诊为新型冠状病毒肺炎患者。因何某月不遵守疫情期间隔离等相关规定，导致累计排查与何某月直接、间接接触者六百多人，其中近两百人被不同程度隔离，给当地居民的生活、工作造成影响，并引发当地群众的恐慌。

　　根据《中华人民共和国刑法》第三百三十条规定，违反传染病防治法的规定，有下列情形之一，引起甲类传染病以及依法确定采取甲类传染病预防、控制措施的传染病传播或者有传播严重危险的，处三年以下有期徒刑或者拘役；后果特别严重的，处三年以上七年以下有期徒刑。

《中华人民共和国传染病防治法》第三十九条中规定，拒绝隔离治疗或者隔离期未满擅自脱离隔离治疗的，可以由公安机关协助医疗机构采取强制隔离治疗措施。

《中华人民共和国传染病防治法》第七十七条规定，单位和个人违反本法规定，导致传染病传播、流行，给他人人身、财产造成损害的，应当依法承担民事责任。

隐瞒疫情导致传染病传播者的民事责任主要是一种侵权责任，侵害的是自然人的健康权。《中华人民共和国民法典》第一千一百六十五条规定，行为人因过错侵害他人民事权益造成损害的，应当承担侵权责任。

法院经审理认为，被告人何某月作为餐饮店经营者，不执行卫生防疫机构依照传染病防治法提出的隔离控制措施，引起新型冠状病毒传播的严重危险，其行为构成妨害传染病防治罪，应依法惩处。何某月如实供述自己的犯罪事实，认罪认罚。据此，法院以妨害传染病防治罪判处被告人何某月有期徒刑十个月。

| 随 感 |

❖

如果有过疫区旅居史和接触史的人瞒报，且自身又被感染，那么和他进行密切接触的人群将无异于在病毒中"裸奔"，因此而造成的后果不可预估。

无论出于什么原因，有过疫区接触史的公民都应该及时如实报告个人信息，并采取相关隔离措施。故意隐瞒疫区接触史且引发严重后果，或拒绝配合相关部门采取防疫措施，可能面临刑事、行政和民事法律责任。

同疫情作战，我们需要织起一张又严又密的防护网，每个人都应该成为这张网上一个牢固的绳扣，而不是一个危险的漏洞。惨痛的事实一再警醒我们：疫情防控越是吃劲，越要坚持依法防控。

污染环境要承担赔偿责任

环境污染会给生态系统造成直接的破坏和影响，也会给人类社会造成间接的危害。在生活中，如果因为环境污染对自己造成损害，可以申请赔偿吗？

中学生林某一家居住在某炼油厂生活区。居住地南边是液化气罐装站，该站经常漏气；东边是制造压力容器的工程队，该队主要是就地进行射线探伤，对容器喷漆；西边是炼油厂排污未封闭地带；西北边是炼油厂火炬，排放出的火炬气含有害物质。

一年春节，林某被诊断出患了急性混合型白血病，他的家人认为是周围环境污染造成的。但石化炼油厂认为：该厂一直进行密闭生产，环保部门还对排污进行了非常严格的监控，排放完全达标；生活区居住了很多人，与林某同龄的人中只有她一个不幸患病，具体致病原因可能有多种。

在双方多次协商无果的情况下，林某将石化炼油厂告上了法庭。林某在起诉状中表示：石化炼油厂应对其人身损害承担赔偿责任；请求法院判令该单位赔偿已花费的医疗费用 54 万元，后续医疗费 15 万元，精神抚慰金 26 万元，交通费、住宿费、住院伙食补助费 5 万元，共计人民币 100 万元。

这是一起典型的环境污染侵权案件。本案涉及的焦点问题有三个：一是环境污染侵权责任能否成立；二是被告石化炼油厂的抗辩是否有道理；三是原告林某提出的赔偿请求可否被支持。

环境侵权民事责任作为一种特殊的侵权责任，适用无过错责任原则。无论行为人有无过错，只要法律规定应当承担民事责任，行为人即应对其行为所造成的损害承担责任。

《中华人民共和国民法典》第一千二百二十九条明确规定，因污染环境、破坏生态造成他人损害的，侵权人应当承担侵权责任。

在本案中，被告实施了污染环境的行为是显而易见的，比如，炼油厂的液化气罐装站经常漏气、炼油厂火炬排放出含有害物质的火炬气等。构成环境损害的事实也已经存在，原告被诊断出患了急性混合型白血病。关键问题是，被告的排污行为是否与原告患有急性混合型白血病之间存在因果关系。

《中华人民共和国民法典》第一千二百三十条规定，因污染环境、破坏生态发生纠纷，行为人应当就法律规定的不承担责任或者减轻责任的情形及其行为与损害之间不存在因果关系承担举证责任。

也就是说，在环境侵权案件中，只要受害人提供初步证据证明自己受到损害的事实，举证责任就转移到加害人一方。所以，被告应当提供证据证明自己的排污行为没有造成原告患病的结果，也就是二者之间没有因果关系，否则就推定因果关系存在。

原告在石化炼油厂的生活区内生活了十年之久，炼油厂排放的物质中多少存在着一些对人体易造成伤害的有毒物质，例如炼油厂生产的产品中含有苯，而在白血病发病的环境因素上，苯是导致白血病的一个重要病因，这已经被实验所证明。因此，被告要证明自己的排污行为与原告患病完全无关，几乎是不可能的。

在这种情况下，林某提出赔偿损失是十分合理的。根据《中华人民共和国民法典》第一千二百三十二条规定，侵权人违反法律规定故意污染环境、破坏生态造成严重后果的，被侵权人有权请求相应的惩罚性赔偿。

赔偿损失是最常见的一种环境民事责任形式。赔偿损失的范围，既包括财产损害赔偿，也包括对人身损害和精神损害引起的财产损失赔偿；既包括直接损失，也包括间接损失。

本案中原告请求法院判令被告赔偿已花费的医疗费用、后续医疗费、交通费、住宿费、住院伙食补助费，都属于对人身损害引起的直接损失赔偿，理应得到支持。本案中原告提出的精神抚慰金的赔偿请求根据法律规定，也是可以被法院支持的。当然赔偿的具体数额应由法官根据实际情况加以调整。

｜随　感｜

由于人们对工业高度发达的负面影响预料不够、预防不利，导致了全球性的三大危机：资源短缺、环境污染、生态破坏。具有全球影响的方面有大气环境污染、海洋污染、城市环境问题等。

大量研究资料表明，环境污染是导致癌症发生的一个极其重要的原因，依靠全社会的力量，采取综合措施、有效地治理环境污染，是癌症综合预防措施的重要组成部分。

每一个环境污染的实例，可以说都是大自然对人类敲响的一声警钟。为了保护生态环境，为了维护人类自身和子孙后代的健康，必须积极防治环境污染。

受到噪音伤害可以索赔

噪音不光会让人感觉不适，对动物也会造成不利影响。如果因为噪声受到损害，可以申请赔偿吗？

李明喜欢养殖，从事貂和貉的养殖已经很多年。每年的四月份是貂和貉的产仔期，也是李明最繁忙和最高兴的时间，因为产仔的数量直接决定着他当年的收入状况。

但是这一年的四月份却发生了一件让他意想不到的事。当时，养殖场附近有一家公司正在施工，没有采取必要的噪音防护措施，导致部分幼崽被受到惊吓的母貂和母貉咬死，还有部分母貂和母貉受到惊吓导致流产。

按照正常情况，李明养殖的貂和貉的产仔量可以达到八千多只，但事情发生后经过双方一起清点，只有两千多只幼貂和几百只幼貉存活，给李明带来巨大经济损失。

一年的辛苦，在这个丰收的季节撞上这样的事，心里怎么能不难受？事情发生后，李明第一时间与施工方交涉，并报了警，但是对方拒绝承认貂和貉幼崽死亡与施工噪声有关。

无奈之下，李明将其诉诸法院。立案之后，法官按照法定程序为李明联系了具有资质的机构进行鉴定。

根据鉴定结果，涉案养殖区本来的环境虽然也存在一定程度的背景干扰，但刺激强度不够，而且这些貂和貉已经养殖多年，已经有一定的环境适应性，因此与本来环境的噪音关系不大。根据高度盖然性的原则，可以认定原告养殖的貂貉咬食幼崽等异常行为与被告施工噪音之间存在因果关系。

《中华人民共和国民法典》第二百九十四条规定，不动产权利人不得违反国家规定弃置固体废物，排放大气污染物、水污染物、土壤污染物、噪声、光辐射、电磁辐射等有害物质。

《中华人民共和国环境噪声污染防治法》第六十一条第一款规定，受到环境噪声污染危害的单位和个人，有权要求加害人排除危害；造成损失的，依法赔偿损失。

最终，法院判决被告赔偿原告貂、貉减产损失 50 万元。李明通过法律途径拿到了属于自己的赔偿，心里说不出的高兴。

随 感

从生理学观点来看，凡是干扰人们休息、学习和工作以及对你所要听的声音产生干扰的声音，即不需要的声音，统称为噪声。当噪声对人及周围环境造成不良影响时，就形成噪声污染。

随着工业生产、交通运输、城市建筑的发展，以及人口密度的增加，音响、空调、电视机等家庭设施的增多，环境噪声日益严重，它已成为污染人类社会环境的一大公害。

噪声具有局部性、暂时性和多发性的特点。噪声不仅会影响听力，而且还会对人的心血管系统、神经系统、内分泌系统产生不利影响，所以有人称噪声为"致人死命的慢性毒药"。

噪声不仅会对人产生影响，对其他动物也会造成严重伤害，就像案例中的那样，在施工过程中因为噪声给养殖户造成损失的案件也时有发生。

施工单位在施工时务必要考察好周围环境，是否有需要特别注意的事项。各养殖户也要张贴好标识，如果养殖户遇到类似遭遇，务必第一时间与施工方一起清点损失，协商赔偿，必要时通过法律手段维护自己的合法权益。

请对狗狗做好安全措施

　　"汪星人"是人类的好朋友，但随着养犬家庭越来越多，因不牵绳、违规遛犬等问题造成的纠纷也日益增多。如果只是被狗狗吓到而受伤，可以要求赔偿吗？

　　一天下午，78 岁的老人杨大爷到花园里散步，一只泰迪犬突然从草丛中窜了出来。杨大爷没有防备，吓得摔倒在地，当时就站不起来了。路人见杨大爷伤势严重，急忙将他送到医院救治。最终结果被诊断为髋骨骨折，需要住院治疗。

　　杨大爷的老伴陈大妈找到泰迪犬的主人曲某，向他索要医疗费，却遭到曲某的拒绝。

　　曲某说："我家的小狗又没有咬人，凭什么要我出医疗费？"曲某认为杨大爷受伤主要是他自己的身体和心理问题，与自己家的狗没有多大关系。

　　杨大爷和他的家人为追讨赔偿，多次与曲某及其家人进行沟通。然而，双方因赔偿事宜协商无果，杨大爷为维护自身合法权益，只好诉至法院，要求曲某承担损害赔偿责任。

　　法院对该起饲养动物损害责任纠纷案进行了调解。调解过程中，被告曲某承认自己是狗的主人。但认为原告倒地受伤主要原因是其年龄大，同时自身有基础性疾病，并且当天原告在没有监护人陪同的情况下独自外出，风也较大，故其自身及监护人存在很大的过错，应适当减免被告责任。

对于被告说辞，法官当庭表示，原告所列证据足以证明其伤情是由被告所饲养的狗造成的，被告对此也予以认可，因此被告应对原告的损失承担赔偿责任。

同时，根据公园的监控录像，可以发现曲某并没有给自己的小狗系牵引绳，而且杨大爷并没有主动招惹泰迪犬，是泰迪犬主动扑向杨大爷，从而导致他严重受伤。

《中华人民共和国民法典》第一千二百四十五条规定，饲养的动物造成他人损害的，动物饲养人或者管理人应当承担侵权责任；但是，能够证明损害是因被侵权人故意或者重大过失造成的，可以不承担或者减轻责任。

《中华人民共和国民法典》第一千二百四十六条规定，违反管理规定，未对动物采取安全措施造成他人损害的，动物饲养人或者管理人应当承担侵权责任；但是，能够证明损害是因被侵权人故意造成的，可以减轻责任。

《中华人民共和国动物防疫法》第三十条第二款规定，携带犬只出户的，应当按照规定佩戴犬牌并采取系犬绳等措施，防止犬只伤人、疫病传播。

法院认为，由于曲某的小狗扑向杨大爷，才致使他跌倒受伤，小狗虽然没有直接咬伤杨大爷，但动物饲养人仍要承担相应的民事责任。曲某称杨大爷应承担相应责任，但无证据证明杨大爷存在上述故意或重大过失，因此对此辩称意见不予支持。

最终，原、被告双方达成调解协议：被告曲某向原告赔礼道歉，并赔偿原告各项损失共计 3 万元。

| 随 感 |

✦

　　忠诚、可爱的狗狗一直以来都被称为"人类最忠实的朋友"，许多养犬人也已经把狗狗当作家庭的一分子。宠物犬不仅能带来慰藉与陪伴，还能培养责任心与爱心，但生活中存在的一些不文明养犬行为，却让一部分养犬人"愉悦了自己、妨碍了他人"。

　　不文明养犬行为主要包括饲养禁养犬类、不拴牵引绳遛狗、随地便溺及犬只伤人、犬吠扰人等。养犬行为是个人素质和社会责任的综合体现，也反映了公民的文明素质和城市的文明程度。养犬需要遵守规矩，"铲屎官"也要牢记责任。

　　文明养犬不仅是一句口号，更应该落实到具体行动中。犬主人应自觉遵守相关规定，驯养犬只养成良好的生活习惯，及时对犬只进行免疫和登记备案，拴牵引绳遛狗，清理犬只排泄物，不虐待、遗弃犬只，依法养犬、文明养犬、规范养犬，共同打造优美、和谐、宜居人居环境。

高空抛物既害人又害己

现实生活中，高空抛物现象时有发生，因此而产生的悲剧和纠纷也并不少见。高空抛物犯法吗？

一天下午，三个月大的小女孩圆圆由其外婆抱着，在小区楼下散步。圆圆在外婆肩上睡着后，外婆带着她回家。不料，刚走到楼下单元入户大门，高空坠落一个苹果，正好砸中圆圆头部，圆圆顿时脸色苍白，陷入昏迷。

事故发生后，圆圆被紧急送到医院进行救治。经医生诊断，圆圆有重型颅脑损伤、顶骨粉碎性凹陷性骨折等症状，圆圆陷入深度昏迷，几次生命垂危。

与此同时，家属报警。接警后，警方立即成立专案组。根据警方在现场的初步调查走访，划定掉落范围在二单元。另外警方在勘查中发现，那个掉落的苹果被人咬过。

警方提取居民的生物检材，并与苹果碎片上的 DNA 进行比对，最终检测结果将肇事者锁定为小区 24 层住户 11 岁的女孩晶晶，事发时她一个人在家。

据晶晶母亲介绍，家里养了一只哈士奇，平时吃饭喝水都在阳台上。她家的阳台和客厅用推拉门隔开，阳台是露天铁艺围栏。事发当天，晶晶独自在家，站在推拉门处，将咬了一半的苹果扔到狗食盆里，后来苹果弹出来通过围栏的空隙掉落到了楼下。

一个独自在家的 11 岁女孩，一时疏忽，本想丢到阳台上的苹果掉到了楼下，并由此引发了一场悲剧。调查清楚案件情况后，警方依据案情以及相关法律规定，最终作出了撤案的处理决定。

虽然警方对案件作出了撤案处理，但受害人圆圆及其监护人依然有权向法院提起民事诉讼。经过法医鉴定，圆圆所受损伤为重伤二级，分别评定为二级，十级伤残，终身需要护理依赖。事发后，圆圆经历多次手术才脱离险情，仍然需要进行康复治疗。

圆圆的父亲委托律师，将晶晶及其监护人起诉至法院，索赔医疗费、护理费、残疾赔偿金、精神抚慰金等共计 540 余万元。

《中华人民共和国民法典》第一千二百五十四条第一款、第二款规定，禁止从建筑物中抛掷物品。从建筑物中抛掷物品或者从建筑物上坠落的物品造成他人损害的，由侵权人依法承担侵权责任；经调查难以确定具体侵权人的，除能够证明自己不是侵权人的外，由可能加害的建筑物使用人给予补偿。可能加害的建筑物使用人补偿后，有权向侵权人追偿。物业服务企业等建筑物管理人应当采取必要的安全保障措施防止前款规定情形的发生；未采取必要的安全保障措施的，应当依法承担未履行安全保障义务的侵权责任。

法院审理认为，该案件的案发原因已经公安机关查明。肇事的 11 岁女孩晶晶，对此存在过错。由于晶晶系未成年人，其应承担的责任将由其监护人来承担。

该小区的房屋设计、施工等情况经有关部门审查，验收，安全措施是合格的。开发商并未有过错，所以开发商不用承担责任。物业公司平时有进行禁止高空抛物的宣传，并在事后物业公司还对受伤女婴圆圆进行了捐款。发生在晶晶家中的该起事件，并非物业公司的管理区域，所以物业公司也不应对此承担相应的责任。

对于圆圆父母前期提出的赔偿金问题，法院认为无相关病历资料以及医嘱证实，故此院方不予支持。最终，法院宣判，肇事女孩晶晶需要向被砸伤的女婴赔偿 185 万余元。

｜随　感｜

❖

近年来，高空抛物行为常有发生，这一被称为"悬在城市上方无法承受之伤"的行为，严重危害公共安全，侵害了人民群众合法权益，也影响着社会和谐稳定。

实验证明：一颗重 30g 的鸡蛋，如果从 4 楼抛下来会让人肿包，从 8 楼抛下来可以让人头破皮裂，从 18 楼抛下来可以砸破行人的头骨，从 25 楼抛下可使人当场死亡。

为维护人民群众"头顶上的安全"，最高人民法院就出台了《最高人民法院关于依法妥善审理高空抛物、坠物案件的意见》，将高空抛物入刑，明确要严惩高空抛物者。

意见中明确规定，高空抛物行为根据行为人的动机、抛物场所、抛掷物的情况以及造成的后果等因素，可能涉嫌以危险方法危害公共安全罪、故意伤害罪、故意杀人罪、过失致人死亡罪、过失致人重伤罪等罪名。刑法修正案（十一）也将高空抛物单独入罪，《中华人民共和国刑法》第二百九十一条之二规定：从建筑物或者其他高空抛掷物品，情节严重的，处一年以下有期徒刑、拘役或者管制，并处或者单处罚金。有前款行为，同时构成其他犯罪的，依照处罚较重的规定定罪处罚。

此外，民法典中也将高空抛物列入违法行为。

高空抛物不仅严重危及他人人身财产安全，而且抛物者也会因此付出惨痛的代价。切莫随意从高处抛物，守护"头顶上的安全"，我们人人有责。

家里漏水小心殃及邻居

　　随着城市化发展，越来越多的人住进了高楼大厦，但与此同时，烦恼也来了，因为有些人会遭遇楼上漏水的情况。如果因此受到损失，可以向邻居索赔吗？

　　曹某某和孙某某是上下楼的邻居，曹某某住楼上，孙某某住楼下。曹某某家卫生间和厨房经常会漏水，有时还会漏到楼下，于是孙某某找物业公司帮忙。经物业公司鉴定，漏水原因系曹某某家厨房和卫生间下水管道堵塞，积水过多所致。

　　随着雨季的到来，曹某某家漏水情况更加严重了。从第一次漏水开始，孙某某多次联系曹某某要求紧急处理应急堵漏，而曹某某总是推脱，说等天晴马上做防水，做完防水再谈赔偿问题。孙某某一家左等右等，终于等来了晴天，曹某某却没有动工的意思。

　　两个月后，在孙某某的数次催促下，曹某某总算是做完了防水。之后孙某某联系曹某某协商赔偿问题，没想到遭到了曹某某的拒绝。曹某某表示，房屋漏水是工程问题，应该找物业公司赔偿。

　　后来，孙某某向物业管理部门申请调解，一直无法取得实质效果，曹某某无限期踢皮球拖延。多番商讨无果后，无奈之下，孙某某将邻居曹某某诉至法院，要求曹某某赔偿财产损失3万元。

　　在法庭上，双方各执一词，互不相让。孙某某说："这个漏水问题真的给我们全家带来了严重的影响，因为长时间的漏水，我家的次卧屋顶出现一条3米多长的裂缝，造成屋顶及南北两面墙壁墙皮脱落，吊柜内包括刺绣画框等物品也因为淋水受到损坏，床上用品也湿透了，根本无法住人。"

曹某某则提出："漏水后，我也积极与他们家进行协商，我是同意合理的赔偿，但他们要求的赔偿金额实在是太高了。"

《中华人民共和国民法典》第二百九十六条规定，不动产权利人因用水、排水、通行、铺设管线等利用相邻不动产的，应当尽量避免对相邻的不动产权利人造成损害。

《中华人民共和国民法典》第一千一百六十七条规定，侵权行为危及他人人身、财产安全的，被侵权人有权请求侵权人承担停止侵害、排除妨碍、消除危险等侵权责任。

法官在详细了解案情后，认为曹某某本意是同意赔偿合理损失的，考虑到鉴定费用较高，反而会增加当事人的损失，因此建议孙某某选择有利于双方的调解方式。

一开始，孙某某情绪非常激动，根本不接受调解，坚持要进行鉴定，并且要求对受损的物品单价进行鉴定。

法官耐心地向孙某某解释，一般来说，漏水案件会涉及漏水成因、修复方案、修复方案造价等鉴定项目，鉴定费较高，如果坚持进行鉴定，可能会扩大双方损失。

看到孙某某的态度有些缓和，法官进一步说："漏水发生后的焦虑心情可以理解，但是一定要理性对待。你作为受损方，在对方已经表示出诚意的情况下，调解的方式不仅可以有效化解双方矛盾，而且还可以节约双方当事人的诉讼成本。"

在法官一番解释下，孙某某有了一些动摇。法官又与相关鉴定机构联系，询问相关鉴定费用告知孙某某，并向孙某某说明了以往此类案件处理的结果。

终于，孙某某经过再三考虑后，同意降低主张的赔偿金额。曹某某也表示可以接受调整后的赔偿金额。双方达成了一致意见，至此，这场纠纷得以顺利化解。

随 感

❖

现实生活中邻里之间必然少不了磕磕碰碰，如果大家能够互敬互让，多一分包容和理解，大多数纠纷总是可以妥善解决的。邻里纠纷不是靠武力、拳头来解决的，它需要邻里之间相互理性地谦让，有矛盾纠纷双方相互协商解决，更需要大力倡导社会公德。

从现实的生活来看，大量的邻里纠纷，都是一些所谓"鸡毛蒜皮"的小事引发的，但这些小事确实影响了人们的正常生活。被侵害一方固然可以通过投诉、诉讼来讨说法，但这必然会耗去当事双方大量精力、财力，还不一定能解决问题。

双方既消耗精力，又赔了时间，还造成心情的不愉快。而且长此以往，邻里之间会形成隔阂与冷漠，不利于社会风尚的整体和谐。

俗话说：远亲不如近邻。邻里和谐，仅靠法律的约束是不够的，更需要居民们提高公德意识，加强自律，关爱他人。人与人之间、邻里之间，应多些人情味，少些火药味。有了包容、理解、协商、妥协，许多矛盾其实并不难解决。

只要注意生活中的小细节，时刻为周围邻里的生活环境着想，出现矛盾纠纷，宽容并及时解决、改正，这些都不是什么问题，邻里之间会更加和睦，和谐的小区处处充满着温馨和笑容。

禁止私自占用公共空间

如果说小区内哪种不文明行为最直接侵害了所有业主的利益，那对公共空间的私自占用是占据首位的。私自占有公共空间，会触犯法律吗？

阎某森与田某运是邻居。阎某森家厨房窗户的正对面是楼道窗户，斜对面是田某运家的房门。厨房窗户、楼道窗户和田某运房门之间是公共楼道区域。但是这片公共空间，田某运却私自占用了很大一部分，因此阎某森非常不满。

多次沟通无果的情况下，阎某森到法院起诉了田某运，要求对方拆除私自占用楼道公用面积的铁围栏，以及遮挡阎某森厨房窗户采光、通风的物品，恢复楼道原样。

法院判决田某运将其安装在楼道内的铁围栏防盗门和其封堵在阎某森厨房窗外的物品移除。但还没有执行，田某运就将房子转让给了新房主孔某仁。

孔某仁在装修房屋时将田某运在公共楼道安装的防盗门更换，继续将此区域封闭，进行自用。阎某森又找到孔某仁沟通，希望拆除铁门。可是孔某仁拒绝了。

阎某森再次将新房主孔某仁告上法庭。阎某森认为该铁门导致楼道采光、气流调节受影响，并存在安全方面的隐患，对其使用厨房窗户和楼道窗户以及正常居住生活造成不便，故要求孔某仁拆除其私自安装在涉案楼道内的铁门。

孔某仁辩称，涉案铁门不会对阎某森正常使用厨房窗户和楼道窗户产生影响。涉案铁门是涉案小区的主管部门房管处牵头联系生产铁门的厂家为住户安装的，不是用户私自安装，并且其在买房时涉案铁门便已存在，自己更换自家铁门是理所应当。并且，由于建筑设计的原因，在房屋门前形成了一块专属于自家房屋进出的唯一通道，不与其他任何住户发生往来，故对该区域应享有专有权。但是，孔某仁未能举证证明其更换安装铁门已经通过相关部门的批准和阎某森的同意。

法院经审理认为，不动产的相邻权利人应当按照有利生产、方便生活、团结互助、公平合理的原则，正确处理相邻关系。

《中华人民共和国民法典》第二百七十一条规定，业主对建筑物内的住宅、经营性用房等专有部分享有所有权，对专有部分以外的共有部分享有共有和共同管理的权利。

《中华人民共和国民法典》第二百七十三条规定，业主对建筑物专有部分以外的共有部分，享有权利，承担义务；不得以放弃权利为由不履行义务。

本案所涉楼道为公共区域，虽然孔某仁的房屋靠近楼道窗户，位于楼道尽头，相较于其他业主，孔某仁对于其房屋门前的楼道区域利用较多，但这并不能改变该区域属于业主共有的性质，其无权将该区域占有私用。

孔某仁加建的铁门对阎某森家的通风及其使用厨房窗户和楼道窗户造成不便。因此，法院依法判决孔某仁拆除涉案防盗门。

|随　感|

✛

本案涉及业主私自在楼道内加建的问题。部分业主认为自己对自家房屋附近的楼道区域享有专有权利，可自行处置，故通过加建防盗门、堆放杂物等方式将楼道区域占为己有。此问题在物业管理不善的小区中较为普遍，易引发邻里矛盾。

无论是新小区还是老旧小区，都不同程度地有着公共空间被占用的问题。细心的业主或许会发现，不知何时开始，小区的绿化带少了，到处都是停放的各种车辆，楼道间、楼门口及拐角处都有堆积的杂物。更令人无奈的是，有人竟公然在小区里圈地种起菜来。

这样的侵占不知从何时开始，业主有意见往往也投诉无门；而有的即使知道是邻居的问题，也纠结在邻里关系的处理上而裹足不前。公共空间其实是每一个业主的共有利益，随意占用不仅侵占了大家的利益，还可能会触犯法律。

人们居住的环境是干净和谐还是乱堆乱放、杂乱无章、邻里纠纷不断，其实就在居民的一念之间。如果大家都只想着自己，居住环境就会陷入"脏乱差"的恶性循环，最后大家都吃亏。如果大家都为他人着想一些，那么建设美丽清洁家园就会水到渠成。

文明素质和卫生意识的提高，才是创建美丽家园的最有效"武器"。为了让我们共同的家园更靓更美更安全，让我们的邻里更和谐，首先从不私自占用公共空间做起吧！

CHAPTER 4

人 格 权

见死不救也要承担责任

现实生活中，危险往往不经意间就会出现。如果同伴遇险，我们见死不救，这犯法吗？

暑假里的一天，小龙和强强想游泳，于是一大早邀约小明一起去附近的堰塞湖里游泳。三人一起游到湖中心时，小明突然腿部抽筋，赶紧呼叫求救。

一开始强强以为小明在开玩笑，没当回事，但看着小明的脑袋在水里一上一下起伏时，强强才意识到小明溺水了，他赶紧把情况告诉年纪稍大的小龙。

小龙见状害怕了，叫着强强迅速上岸，穿好衣服逃离现场。回家过程中，小龙叮嘱强强不能把这件事告诉家长，否则会被责骂，忐忑的强强也同意了。

直到当日 11 时许，有人路过湖边发现岸上只有衣服但不见人，于是报警。民警连同 120 急救人员赶到现场将小明救起，但因溺水时间太长，小明不幸死亡。

惊闻噩耗的小明父母悲痛欲绝，他们认为是小龙和强强带着小明去游泳的，小明溺水时他们有救助义务，但两人却选择逃离现场，因此应对小明死亡的结果承担赔偿责任。小龙父母和强强父母作为两人监护人，未尽监管义务，也应承担赔偿责任。

小龙父母和强强父母则认为，小明溺水是意外事故，主要原因是小明父母监管不力。而且小明是自愿去游泳的，又没有人强迫他，因此出事与小龙和强强无关。

因对赔偿事宜协商无果，小明的父母将小龙、强强及他们的父母起诉至法院，要求几名被告共同赔偿 100 万元。

《中华人民共和国民法典》第一千零五条规定，自然人的生命权、身体权、健康权受到侵害或者处于其他危难情形的，负有法定救助义务的组织或者个人应当及时施救。

法院审理后认为，被告小龙、强强邀约小明到偏僻处游泳，该行为本身具有明显的危险性；在小明溺水时，同行的小龙、强强有义务对其进行力所能及的救助，但两被告不但没有履行救助义务，反而离开现场，放任小明溺水死亡，并且试图向父母隐瞒，故被告小龙、强强对小明的死亡后果存在明显而严重的过错，依法应当承担赔偿责任。

小明的母亲明知小明与其他两名未成年人一起到偏僻之处游泳，却以小明水性好、自己生意忙无时间管为由，未加以阻止，其本身存在过错，应当自行承担部分责任。

根据该案查明的事实，原告主张的丧葬费、死亡赔偿金、抢救费等，其中共计 61 万余元有事实和法律依据，法院予以支持。

纵观该案，被告小龙是同行行为的组织者，在同行三人中年龄最大，事发后，他还阻止其他同行人员报警和求救，其过错程度最大，应承担大部分赔偿责任，因此，法院判定其承担 70% 的赔偿责任，即 43 万元。

被告强强事发后没有坚持原则，法院判定其承担 20% 的赔偿责任，即 12 万余元，扣除之前垫付的 1 万元，尚须支付 11 万余元。两个原告未履行法定的监护职责，自行承担 10% 的责任。

| 随 感 |

❖

公民的生命权、健康权利受法律保护。当同行人身陷危险时，其他同行人有义务进行力所能及的救助。在自己有能力施救而没有进行施救的情况下，见危不救者要承担赔偿责任。

当然，法律并不强人所难，当事人如果已经尽力了，就不用再承担责任。如果当事人没有救助能力，应当求助于其他外部力量来进行救援。在当事人没有能力的情况下，法院也不主张其凭自己的力量去施救。

在该案中，两名未成年被告之所以被判承担责任，是因为他们有能力和条件向外部力量求救，但却没有进行求救，而不是要求他们凭借自身的能力直接对遇难者施救。

这起学生溺水事件再一次敲响了警钟。家长要担负起对孩子的安全监管职责，时刻教育、提醒孩子远离危险活动。

未成年人在日常生活和学习中，要遵守法律、法规和社会公德，听从老师和父母的教诲，养成良好的习惯，做到诚实守信。隐瞒说谎，只能使事态更加严重，甚至造成不能挽回的恶果。在伤害别人的同时，也必将伤害自己。

姓名权不是叫啥都行

在很多人的印象里，给孩子起什么名字是自己的自由，想怎么起就怎么起，别人管不着。那么，在法律中，有没有关于名字的限制呢？

刘某和张某两个青年人都酷爱诗词歌赋和传统文化，他们婚后生了一个女儿，决定给孩子起一个富有诗意的名字。但是他们发现，无论起什么名字，加上姓氏以后，都感觉少了一些味道。

经过多次商讨，夫妻两个最终决定给爱女换掉姓氏，让女儿复姓"凌空"，名叫"飞雁"。

夫妻两个决定后，前往派出所为女儿申请办理户口登记。民警告知孩子的姓氏应当随父姓或者母姓，即姓"刘"或者姓"张"，否则不符合办理户口登记的条件。

对于派出所的说法，刘某表示不认可。他认为，自我命名是自然人的权利，公民享有姓名权，有权改变自己的姓名，任何人不得干涉。刘某与公安机关各执一词，互不退让。

因为公安机关拒绝为"凌空飞雁"上户口，刘某以监护人的名义向法院提起行政诉讼，要求判决派出所拒绝将他女儿姓名登记为"凌空飞雁"属于违法的行政行为。

那么，公安机关是否可以为"凌空飞雁"这个名字上户口呢？根据《中华人民共和国民法典》第一千零一十二条规定，自然人享有姓名权，有权依法决定、使用、变更或者许可他人使用自己的姓名，但是不得违背公序良俗。

根据《中华人民共和国民法典》第一千零一十五条规定，自然人应当随父姓或者母姓，但是有下列情形之一的，可以在父姓和母姓之外选取姓氏：（一）选取其他直系长辈血亲的姓氏；（二）因由法定扶养人以外的人扶养而选取扶养人姓氏；（三）有不违背公序良俗的其他正当理由。少数民族自然人的姓氏可以遵从本民族的文化传统和风俗习惯。

法院审理后认为，刘某和张某凭个人爱好将女儿的姓氏改为"凌空"不属于选取其他姓氏的正当理由，违背公序良俗，诉讼请求不予支持。

| 随　感 |

姓名权是公民的一项重要基本民事权利，也是区别于其他公民的一个符号，按照"法无禁止即可为"的原则，公民可以自由地选择姓名，但是不能违反公序良俗。

什么是公序良俗呢？所谓公序，即社会一般利益，包括国家利益、社会利益和公共利益；所谓良俗，即一般道德观念或者良好道德风尚，包括社会公德、社会良好风尚等。

在我国的传统文化和伦理观念中，除了一些例外情形，姓名应当随父姓或者母姓。而且，在姓氏之后的名字构成上，多采用一到两个字。这种长期以来形成的社会习惯，既体现了父母长辈的期许，也维持着正常的人际交往。

在传统文化中，姓氏不仅关乎一个人的身份归属确认、一个家庭的血缘传承，更关系着深层次的社会伦理秩序和道德观念。如果姓氏可以随意更改，那么势必会模糊家庭的血缘传承，并且会进一步冲击侵蚀其背后寄寓的伦理秩序和文化传统，因此法律是不允许的。

冒名上学严重违反法律

十年寒窗苦读，就为一朝考入大学。可是，有的人却因为成绩不佳，就不择手段，冒名顶替。这种玷污高考的行为，违反了法律吗？

婷婷出身农村，对农村的辛劳刻骨铭心。在婷婷看来，不用干农活是天底下最幸福的事情。上学后，婷婷就立志要考上大学，改变自己的命运，让自己的父母过上好日子。

在父母的鼓励下，婷婷顺利完成了高中学业。高考后，她满怀期待在家等待大学录取通知书，却始终没有等到。婷婷心灰意冷，只好外出打工。

多年后，婷婷已经结婚生子。一次，婷婷到银行去申请大额信用卡，却被告知"个人信息不实"。婷婷在学历那一栏填的是高中，而银行工作人员却告诉她应该填大专学历。

婷婷愣在原地，她怎么也想不通，自己高中毕业后就外出打工，"大专学历"从何而来？经过思索，婷婷想到只有一种可能，就是当年的大学名额被人冒名顶替了。

经过再三考虑，不甘心的婷婷决定找出事情的真相。毕竟时隔十多年，查询这件事并不是很容易。根据银行提供的学历，婷婷找到了某大专学校。经过多方打听，几经曲折的婷婷终于找到了当年"抢走"她高考成绩的人，原来是与她同年参加高考的张某某。

原来，当年张某某高考失利，但她一心想上大学，又不想再辛苦一年复读，于是在父亲的帮助下，花钱打通了各层关系，弄到了婷婷的大学通知书。

仅凭通知书是无法去大学报道的，张某某的父亲又托人给女儿做了假资料。于是，张某某就摇身一变成了"婷婷"，如愿以偿进入大学。而此时的婷婷却正伤心难过地准备外出打工赚钱。张某某一家的一念之差，就改变了婷婷的人生轨迹。

读完大学后，张某某成了中学老师，受到学生的尊敬，拿着稳定的工资。随后，张某某结婚生子，生活十分幸福。可以说，高考后张某某的人生是"偷来"的，可她却心安理得，对自己"窃取"别人人生的行为毫无愧疚之感。

时过境迁，婷婷也不想再追究什么，她只想得到张某某的道歉。婷婷拨通了张某某的电话，却不料对方态度极其恶劣，不但没有道歉之意，还埋怨婷婷提起往事。与此同时，张某某的父亲为了不让事情闹大，他连忙联系婷婷，想用一笔钱来补偿她。

张某某父女两人不但不道歉，还想用钱打发自己，婷婷决定不再忍受，选择把这件往事公之于众，走法律程序。

《中华人民共和国民法典》第一千零一十四条规定，任何组织或者个人不得以干涉、盗用、假冒等方式侵害他人的姓名权或者名称权。

《中华人民共和国刑法》第二百八十条之二第一款规定，盗用、冒用他人身份，顶替他人取得的高等学历教育入学资格、公务员录用资格、就业安置待遇的，处三年以下有期徒刑、拘役或者管制，并处罚金。

可见，冒名顶替上学已经严重违反了法律。经过相关部门的查证，婷婷所说完全属实。最终，张某某的学历被取消，和当年帮她造假的人一起，受到了法律的严惩。

| 随 感 |

✦

高考作为我国规模最大、参加人数最多的选拔性统一考试，是我国实现教育公平的重要工具。任何在高考中徇私舞弊的做法，都是对教育公平的侮辱与挑衅。

然而，"冒名顶替上大学"的新闻事件却频频出现。近十余年来，借助王俊亮、齐玉苓、罗彩霞、陈春秀等个案，"冒名顶替上大学"不断成为舆论焦点，并最终列入《中华人民共和国刑法》。

"冒名顶替"入刑，除了打消那些冒名顶替者心安理得占有他人合法机会、合法权益的侥幸心理，终止这一持续侵害行为，更可警醒那些想通过冒名顶替来改变子女人生命运的父母：你们可能一时有帮助子女冒名顶替他人的能力，但同时也将因这一能力的滥用而毁掉两个孩子的一生。

肖像权不仅仅是一张脸

　　随着人工智能技术的发展，"换脸"逐渐成为网络视频图片中常见的现象。随意给人"换脸"，会不会触犯法律呢？

　　冰冰是当地一位知名的舞蹈演员，她精彩的表演与深厚的功底给当地观众留下了深刻的印象，各种精美的剧照也广为流传，被当地观众喜爱和收藏。

　　当地一家生产空调的公司老总李某某得到了一张冰冰跳舞时的剧照，剧照中冰冰身穿白纱、翩翩起舞、宛如天仙，李某某非常喜欢，立刻想到要利用该剧照给自己的空调做广告。

　　可是，李某某又担心冰冰不同意，加上考虑到广告的成本问题，一时间不知道该怎么办。这时，有人给他出主意，可以利用电脑技术，给剧照进行"换脸"。

　　李某某认为是个好主意。于是，一幅以剧照为主干，添加了一些背景和一句"春天的使者，给您春天般的舒适"的广告，很快面世并登发，只不过冰冰的脸部被换成了另外一个美女。

　　广告打出来之后，很快在当地家喻户晓。冰冰看到广告后，非常生气，认为空调公司侵犯了自己的肖像权，要求空调公司赔偿自己的损失。但是空调公司拒不认错，认为自己的广告中根本没有用到冰冰的肖像，冰冰这是有意讹诈。

因为协商无果，冰冰只好到法院起诉了空调公司，要求停止侵害、消除影响、赔偿损失。

审理中，就空调公司是否侵犯冰冰的肖像权有两种意见。第一种意见认为，肖像，顾名思义是以面部为中心的形态和神态的客观表现，简单地说就是一张脸。该公司只用了冰冰的舞姿，一般人仅从四肢和躯干并不能判断那是冰冰，因而不构成侵权，自然也就不应承担任何责任。

第二种意见则认为侵犯了冰冰的肖像权。《中华人民共和国民法典》第一千零一十八条第二款规定，肖像是通过影像、雕塑、绘画等方式在一定载体上所反映的特定自然人可以被识别的外部形象。

本案中，由于冰冰的形象已深入人心，剧照广为收藏，其四肢、躯干的舞台艺术形象，也能确定她的形象和特征，是可以被识别的外部形象，因此空调公司存在侵权行为。

当然，从其他方面上看，同样表明空调公司侵犯了冰冰肖像权的内容。《中华人民共和国民法典》第一千零一十九条第一款规定，任何组织或者个人不得以丑化、污损，或者利用信息技术手段伪造等方式侵害他人的肖像权。未经肖像权人同意，不得制作、使用、公开肖像权人的肖像，但是法律另有规定的除外。

空调公司在没有得到冰冰授权的情况下，擅自制作了其广告形象。公司将剧照改成广告，既是对剧照的修改、毁损，也破坏了剧照的完整性。

最终，法院判定，空调公司侵犯了冰冰的肖像权，要立即撤回广告、停止侵害，并在媒体上公开道歉，消除影响，赔偿冰冰损失。

| 随　感 |

◆

　　科技的发展推动了社会进步，同时也带来很多风险和隐患。从前，很多人只知道运用软件能够修改图片，如今，人工智能直接将"修图"技术进化成"换脸"。

　　虽然多数人使用人工智能换脸技术，可能都是出于一种"好玩"的恶搞心态，但正因为好玩、流行，人们才可能忽视了边界意识，在冒犯他人权利的时候还处于不自知的状态。

　　这种"无意识"在网络时代较为普遍，但并不意味着其"存在即合理"。按照法律规定，凡在未经授权的情况下，通过人工智能技术给他人换脸，都可能构成侵权。

　　而且，在现实中，"换脸"已经不仅仅是一门技术，也成为一些人犯罪的工具，有的人用"换脸"技术制作色情视频，有的人用"换脸"技术进行诈骗。可见，在新的技术应用给人们带来更多娱乐乃至创新体验的同时，更需要警惕被盗用、滥用。

网络空间不是法外之地

随着时代发展，我们日常生活中的一些矛盾纠纷也逐渐延伸到微信群、朋友圈等网络空间。那么，如果在网络空间中侮辱、诽谤了别人，属于犯法吗？

张大爷夫妻有四个儿子。张大爷去世后，几个儿子在母亲的养老以及财产分配的问题上产生了矛盾。后来，在村委会的调解下，四兄弟签订了《关于母亲赡养的协议》，约定由三儿子负责母亲的生养死葬，母亲的财产将来也由三儿子继承。

2020 年 1 月下旬，新型冠状肺炎疫情发生后，当地村委会为了疫情防控建立了微信群，所有的村民成为微信群成员。张家的儿子、儿媳、孙子、孙女们也都加入群中。

一天上午，大家在微信群聊天时，张大爷三儿子的女儿张某萍首先在微信群内就"土特产网络买卖"的话题转换到"卖人"这一不当话题上。张大爷的二儿媳陈某华非常反感，认为侄女这是在攻击自己和家人，立即进行回击，导致相互辱骂、人身攻击。

最后，张大爷二儿子一家都参与了进来。在群内其他人几次劝解后，双方才没有继续互骂。当时微信群在线成员有一百多人，大家都目睹了双方的"骂战"，在当地造成了十分不良的影响。

"骂战"后不久，张大爷二儿子一家诉至法院，要求张某萍赔礼道歉，消除影响、恢复名誉并赔偿精神损害抚慰金。审理中，张某萍又提起反诉。

《中华人民共和国民法典》第一千零二十四条第一款规定，民事主体享有名誉权。任何组织或者个人不得以侮辱、诽谤等方式侵害他人的名誉权。

根据《中华人民共和国民法典》第一百七十九条的规定，可以责令侵权人停止侵害、消除影响、恢复名誉、赔礼道歉、赔偿损失。

法院审理认为，由于张某萍不尊敬长辈，首先在微信群内使用侮辱、诽谤言语，引发矛盾，且不当言语较伯母陈某华、伯父张某刚多，存在主要过错，应承担赔礼道歉、消除影响、赔偿精神损失等民事侵权责任。

张某刚作为张某萍的伯父，在妻子陈某华、女儿张某瑞遭到侄女的言语侮辱后，没有起到长辈在晚辈中具备良好人品的表率作用，不能自我克制、劝阻双方，而是直接在微信群里以较多的语音谩骂侄女张某萍，不仅有损做长辈的自身形象，也给晚辈张某萍造成了一定的名誉权损害。

同理，陈某华在微信群的不当言语虽系对于张某萍的侮辱言语回复，但这种方式不仅不利于平息矛盾，反而导致矛盾升级，也构成了对张某萍名誉权的侵害。张某刚和陈某华夫妻也应承担一定的民事侵权责任。

张某瑞虽然也在微信群里使用了不当言语，但不当言语较少，过错程度较轻，尚未造成对张某萍名誉权侵权的严重后果。故张某瑞在本案中不应承担侵权责任，但应引以为戒，规范个人言行，树立网络文明交往风尚。

最终，法院判决张某萍和伯父张某刚一家在村委会办公楼公示栏内互相张贴致歉声明；同时判决张某萍赔偿伯父一家精神损害抚慰金5000元，张某刚夫妻赔偿张某萍精神损害抚慰金2000元。

| 随　感 |

✦

　　这是一起具有教育和借鉴意义的案例，它提醒大家，微信、微博等网络社交平台并非法外之地，个体在网络空间开展社交活动时，同样需要遵守法律法规，不能为所欲为、不加节制。

　　名誉权是民事主体依法享有的维护自己名誉并排除他人侵害的权利，公民人格尊严受法律保护，禁止用侮辱、诽谤等方式损害公民的名誉。如果在微信群、朋友圈等网络空间里损毁他人名誉，构成侵权，同样要承担相应的法律责任。

　　微信群也是公共场所，在村民微信群里发表辱骂言论与在村里马路上公开骂街，其行为性质和结果是一样的。而且，在证据保存上来说，它比马路上公开骂街更好取证，只要将聊天记录拉出来，连旁证都不用找了。

　　公民在微信群内发表言论必须遵守法律法规，符合公序良俗要求，切勿因一时气愤，发表不当或侵害他人权益的言论。同时，在发生纠纷后应当积极寻求合理合法的解决途径，切莫使冲突加剧，甚至造成违法犯罪的严重后果。

开玩笑一定要掌握分寸

现实生活中，很多人喜欢开玩笑，甚至完全不顾是否会伤害到别人。如果有人因为开玩笑损害了别人的名誉，那么会构成违法吗？

一个夏日的晚上，雷某东与朋友方某年等几个人一起聚餐。其间，方某年与不在现场的朋友冯某强通了一个视频通话。冯某强和参加聚会的其他人也都是朋友，还在视频中向大家问好。

视频通话过程中，冯某强一时兴奋，突然和方某年开玩笑问："是否还和雷某东的妻子郝某菊偷偷来往？"此言一出，在座的人都感到很惊讶。

方某年非常尴尬，立即挂断了电话。感到下不来台的雷某东拂袖而去，当即找到妻子郝某菊，质问她和方某年有没有不正当关系。郝某菊说根本没有这事。

事后，感觉受了奇耻大辱的郝某菊联系上冯某强，要求他当着那些朋友的面解释清楚，并公开向自己赔礼道歉。冯某强说自己只不过开了个玩笑，不必当真，对她的要求婉言拒绝。雷某东和郝某菊夫妇一气之下，把冯某强告上法庭。

法院庭审时，原告雷某东和郝某菊诉称，被告冯某强通过视频说出对原告夫妇带有侮辱性质的玩笑话，致使夫妻俩常因此事发生争吵，郝某菊多次要求冯某强当面道歉并解释清楚，消除不良影响，但冯某强一直拒绝，其行为给原告夫妇造成了名誉损害，导致原告夫妇的社会评价降低，并给生活带来严重的影响。为维护原告合法权益，请法院依法判令被告冯某强赔礼道歉，赔偿精神损害抚慰金2万元、经济损失1万元，并承担本案诉讼费用。

对此，被告冯某强辩解说，自己和雷某东是朋友，和方某年也是朋友，因为关系较好，说话比较随便。自己就随口开了一句玩笑，雷某东夫妻就要求自己当面赔礼道歉并赔偿损失几万元，他认为要求太过分，所以就没有理会。

冯某强还认为，雷某东夫妇结婚生子多年，感情融洽，并不会因为自己的一句玩笑话就离婚，也没有给他们造成不良影响。此外，自己并没有在社交网站、朋友群或其他有影响的地方发布有损于雷某东夫妇人格的话，他们又不是什么公众人物，不会因为自己的一句玩笑话就降低社会评价和减少收入。他认为雷某东夫妇夸大其词，乱告他人，恳请法院驳回他们的诉讼请求。

双方争得不可开交。法院审理后认为，被告冯某强以带有侮辱性言辞的"玩笑话"，在一定范围内对雷某东和郝某菊造成了不良影响，同时对雷某东、郝某菊的名誉权造成一定伤害。

根据《中华人民共和国民法典》第一千零二十四条第一款的规定，民事主体享有名誉权。任何组织或者个人不得以侮辱、诽谤等方式侵害他人的名誉权。根据《中华人民共和国民法典》第一百七十九条的规定，可以责令侵权人停止侵害、消除影响、恢复名誉、赔礼道歉、赔偿损失。

法院作出一审判决，被告冯某强向原告雷某东、郝某菊以书面形式赔礼道歉，书面道歉内容应当交由法院审查，如不能履行，法院将在相关媒体刊登判决书主要内容，费用由冯某强负担；向原告雷某东、郝某菊赔偿精神抚慰金8000元；本案受理费150元，由冯某强负担。

| 随　感 |

❖

　　"玩笑"是我们日常生活中常见的一种用来调节气氛的手段。适当的玩笑，可以给生活带来乐趣，也能获得别人的好感，深受人们的喜欢。但是，开玩笑也要有度，侮辱、诽谤不是"开玩笑"。如果像案例中的冯某强那样开玩笑，很可能触犯法律，受到惩罚。

英雄烈士不容随意诋毁

　　英雄烈士理应受到全社会的尊敬与爱戴，却有一些人恶意丑化、诋毁甚至是侮辱英雄烈士。那么，这种恶劣行为违反法律吗?

　　在森林火灾救援现场，因风力风向突变，突发林火爆燃，数十名森林消防指战员和地方扑火队员在扑火行动中壮烈牺牲，被国家应急管理部和人民政府批准为烈士。

　　然而，就在烈士亲属、社会群众沉浸在巨大的悲痛中时，网民霍某某在其微信朋友圈中对烈士救火牺牲一事公然发布带有侮辱性的不当言论，诋毁烈士的品德和形象，引起众多网友的极大愤慨，造成了恶劣的社会影响，严重损害了社会公共利益。

　　《中华人民共和国英雄烈士保护法》第三条明确规定，英雄烈士事迹和精神是中华民族的共同历史记忆和社会主义核心价值观的重要体现。国家保护英雄烈士，对英雄烈士予以褒扬、纪念，加强对英雄烈士事迹和精神的宣传、教育，维护英雄烈士尊严和合法权益。全社会都应当崇尚、学习、捍卫英雄烈士。

　　《中华人民共和国英雄烈士保护法》第二十二条第一款、第二款规定，禁止歪曲、丑化、亵渎、否定英雄烈士事迹和精神。英雄烈士的姓名、肖像、名誉、荣誉受法律保护。任何组织和个人不得在公共场所、互联网或者利用广播电视、电影、出版物等，以侮辱、诽谤或者其他方式侵害英雄烈士的姓名、肖像、名誉、荣誉。任何组织和个人不得将英雄烈士的姓名、肖像用于或者变相用于商标、商业广告，损害英雄烈士的名誉、荣誉。

《中华人民共和国英雄烈士保护法》第二十五条第一款、第二款规定，对侵害英雄烈士的姓名、肖像、名誉、荣誉的行为，英雄烈士的近亲属可以依法向人民法院提起诉讼。英雄烈士没有近亲属或者近亲属不提起诉讼的，检察机关依法对侵害英雄烈士的姓名、肖像、名誉、荣誉，损害社会公共利益的行为向人民法院提起诉讼。

当地检察院依法履行民事公益诉讼诉前程序，在媒体上发布公告，告知救火英雄的亲属们可以就霍某某发表侮辱烈士言论的行为提起民事诉讼。公告期限届满，救火英雄的亲属们未提起民事诉讼。检察院依法向法院提起民事公益诉讼。

《中华人民共和国民法典》第一百八十五条规定，侵害英雄烈士等的姓名、肖像、名誉、荣誉，损害社会公共利益的，应当承担民事责任。

法院公开开庭审理了本案并当庭宣判，支持了检察机关的诉讼请求。霍某某当庭表示不上诉，并当众宣读致歉信，对自己发表侮辱性言论的违法行为深感后悔，希望得到英雄烈士的亲属及广大社会公众的原谅。此后，霍某某又在报纸上刊发致歉信，向烈士的亲属们以及全社会致歉。

｜随　感｜

虽然身处信息时代，言论自由是公民的基本权利，但我们应当知道，网络及媒体不是法外之地，言论自由也不能置法律、道德、民族情感和公序良俗等于不顾。

任何公民在行使言论自由及其他自由时，都负有不得超过自由界限的法定义务，这是法治国家和法治社会对公民的基本要求，是我国宪法所确立的关于自由的一般原则。

在扑救森林火灾中，森林消防队员和地方扑火队员英勇无畏、勇闯火海，为保护国家森林资源和人民群众生命财产安全而壮烈牺牲。他们的事迹和精神，是中华民族的共同历史记忆，也是社会主义核心价值观的重要体现，全社会都应当崇尚和学习，英雄烈士的名誉权神圣不可侵犯。

被告在人数众多的微信群发布不当言论亵渎英雄烈士的事迹和精神，丑化英雄烈士形象，贬损英雄烈士名誉，超出了言论自由的范围，主观上明显存在过错。其行为不仅损害了英雄烈士的个人人格利益，而且伤害了社会公众的感情，损害了社会公共利益，依法应当承担相应的民事法律责任。

安装摄像头小心侵犯隐私

随着科技的快速发展，摄像头的应用越来越普遍，很多公共区域都被安装了摄像头。这些公共区域的摄像头会不会侵犯我们个人的隐私权呢？

黄某诚与刘某东是邻居，两家房屋位于同一楼层，两套房屋入户门相对。一次，黄某诚的宠物狗不小心跑了出来，在刘某东家门口撒了一泡尿，两家产生了纠纷。

刘某东于当天下午在房屋入户门上方的墙角处安装了一个摄像头，摄像头向外对着楼梯及黄某诚房屋入户门方向。黄某诚看到后，要求对方拆除，但是刘某东拒绝了。

黄某诚一气之下，将邻居告上了法庭。黄某诚诉称，楼房为老式一层两户，门与门十分狭窄，致使原告生活十分不便，生活日常都在摄像头范围内，开门客厅范围都在监控范围内，无法开门通风，尤其夏天生活更为不便，被告该行为侵犯了原告的隐私权。故要求被告拆除房屋门前的摄像头。

被告刘某东答辩称，其安装的摄像头根本不影响原告生活，也没有对着原告家里，原告是无理取闹。

《中华人民共和国民法典》第一千零三十二条规定，自然人享有隐私权。任何组织或者个人不得以刺探、侵扰、泄露、公开等方式侵害他人的隐私权。隐私是自然人的私人生活安宁和不愿为他人知晓的私密空间、私密活动、私密信息。

根据《中华人民共和国民法典》第一千零三十三条规定，除法律另有规定或者权利人明确同意外，任何组织或者个人不得实施下列行为：（一）以电话、短信、即时通讯工具、电子邮件、传单等方式侵扰他人的私人生活安宁；（二）进入、拍摄、窥视他人的住宅、宾馆房间等私密空间；（三）拍摄、窥视、窃听、公开他人的私密活动；（四）拍摄、窥视他人身体的私密部位；（五）处理他人的私密信息；（六）以其他方式侵害他人的隐私权。

行为人安装的摄像头监控范围虽然属于建筑物共有部位及公共区域，但与居民的日常生活密切联系。居民进出住宅的信息，与家庭和财产安全、私人生活习惯等高度关联，应视为具有隐私性质的人格权益，受法律保护。且行为人通过摄像头采集的信息为个人所用，并非出于公共利益，故该行为侵犯了居民的隐私权。

法院经审理认为，刘某东与黄某诚系多年邻居，双方应互相尊重，互谅互让，互助互利，正确处理邻里关系。经查，刘某东与黄某诚因为日常琐事发生纠纷，双方均未能正确化解矛盾，导致矛盾升级。现刘某东在房屋入户门外安装摄像头，该摄像头的拍摄范围涵盖黄某诚房屋入户门及楼道的公共空间，使黄某诚及该栋楼的住户在经过该楼层时的日常活动处于监控之下。被告的行为给黄某诚的日常生活带来不便，侵犯了原告的合法权益。故判令被告刘某东将该摄像头拆除。

｜随　感｜

本案涉及出于防范在自家房门外楼道区域安装摄像头的行为是否构成对邻居隐私权的侵害。隐私权是指自然人享有的对其与公共利益及群体利益无关的个人信息、私人活动和私有领域进行支配的人格权。

我国目前的法律并不禁止公民个人安装摄像头。但个人在公共楼道安装摄像头进行监控，一定程度会给邻居的自在安宁生活带来不良影响，可能会侵犯到邻居的隐私权。

虽然法律并不禁止个人安装摄像头，但个人使用时，还是必须注意不能侵犯到他人隐私；安装者在安装之前，最好还是告知邻居住户和物业部门，取得邻居理解；如果安装在公共部位，也建议取得物业和邻居的同意，避免后续产生矛盾纠纷。

监督保护还是侵权伤害?

在这个智能手机流行的时代，"随手拍"已经成为一种时尚，并成为人民群众进行监督的利器。不过，这种监督会不会出现侵权现象呢?

一天早上，小女孩赵某某因为不愿上学而大声哭闹。于是，父母将其绑在树上进行教育。路人郑某某正好路过看到，他使用手机拍摄了上述过程，并将视频上传到网络，引起广大网友对赵某某父母教育方式的热议。

视频时长9秒，小女孩的面部特征清晰。内容为一个约6岁的小女孩被一根黑色拖车绳绑在一棵树上，小女孩呈站姿，撩着自己的连衣裙，露出内裤，视频播放过程中可以清晰听到小女孩的哭声，画面中有一成年男子由远及近走来，抬手指向视频拍摄者，并说"该走走你的，听见了吗"，后视频结束。

涉案视频由郑某某拍摄，当天郑某某通过其微博账号共发布了四篇相关博文。第一篇因涉案视频未通过审核致使该视频没有发布，而第二、三篇均是转发的包含涉案视频的博文，后郑某某将前三篇博文进行了删除处理，并在微博上发布第四篇博文向赵某某道歉。

视频在网络上传播后，小女孩赵某某以拍摄者郑某某侵犯自己的肖像权、名誉权和隐私权为由诉至法院，要求郑某某停止侵权、赔礼道歉、赔偿损失。同时赵某某主张，由于网络平台在她的父亲提出删除视频的时候没有及时处理，导致侵权损失的进一步扩大，应与郑某某承担连带责任。

法院审理认为，郑某某拍摄并传播涉案视频的目的是良善的，但其采取的方式却在客观上给赵某某造成了次生伤害。而且，郑某某可以选择更为合理的方式，比如，拍摄视频后可以选择报警等渠道进行检举或控告。

即便郑某某认为有舆论监督的必要，也应当使用打马赛克等技术对于涉案视频进行遮掩处理。因此，郑某某采取的方式超出了舆论监督的限度，侵犯了赵某某的肖像权和隐私权。

根据《中华人民共和国民法典》第一千零一十八条规定，自然人享有肖像权。根据《中华人民共和国民法典》第一千零一十九条规定，未经肖像权人同意，不得制作、使用、公开肖像权人的肖像。

《中华人民共和国民法典》第一千零三十二条第一款规定，自然人享有隐私权。任何组织或者个人不得以刺探、侵扰、泄露、公开等方式侵害他人的隐私权。

关于名誉权，法院审理认为，郑某某传播的涉案视频是对于事发当时的客观记录，随视频而发的评论也在合理的范围，没有对赵某某侮辱和诽谤，所以郑某某没有侵犯赵某某的名誉权。

而对于网络平台，根据《中华人民共和国民法典》第一千一百九十五条规定，网络用户利用网络服务实施侵权行为的，权利人有权通知网络服务提供者采取删除、屏蔽、断开链接等必要措施。

不过，因为郑某某于传播当日就自行删除了涉案视频，所以根本不存在网络平台接到通知采取必要措施的适用空间。因此，网络平台不需要与郑某某承担连带责任。

| 随　感 |

❖

　　由于未成年人自我保护意识和能力不强，心智不够健全，在社会中处于相对弱势的地位，所以在行使自己保护未成年人权利的同时，我们要注意权利的行使方式，确保在最大程度保护未成年人的范围内，维护未成年人的合法权益。

　　在互联网时代，个人隐私信息的保护显得尤为重要，尤其是对于未成年人。舆论监督权作为宪法赋予我们的一项重要权利，我们要正确引导舆论方向，谨慎行使自己的权利。

　　网络服务提供者更要完善网络平台审核制度，加大对"涉及未成年人内容"的审核，正确理解"通知-删除"义务的要义，保护好未成年人的合法权益，营造清朗有序的网络空间。

疫情不能成为侵权借口

新型冠状肺炎病毒疫情发生后，部分疫情相关人员的个人信息在网上遭到泄露。这种以疫情为借口的侵权行为是正当的吗？会不会触犯法律呢？

疫情发生后，某物流园冷冻仓库的部分进口白虾外包装检测到新冠肺炎病毒，相关部门迅速组织涉事产品及购买人员进行核酸检测，并通过新闻媒体向大众进行通告。

新闻播出后，某营销策划有限公司却将一份"已购进口白虾顾客名单"发布在了自己管理的公众号上，该名单包括了一万多名购买进口白虾人员的姓名、家庭住址、身份证号码、手机号码等详细的个人信息。

而且这份名单可以下载，因此，很快在网络上疯狂流传，很多人都在微信群里收到了这份名单。大家纷纷查询自己所在小区是否有相关人员并将该名单广泛转载传播。

名单中的刘某某认为这家营销策划公司非法泄露个人信息，一纸诉状告上法庭，要求被告在案涉公众号及权威报纸刊登书面道歉信，并要求被告赔偿精神损害赔偿金 1 万元。

《中华人民共和国民法典》第一千零三十四条规定，自然人的个人信息受法律保护。个人信息是以电子或者其他方式记录的能够单独或者与其他信息结合识别特定自然人的各种信息，包括自然人的姓名、出生日期、身份证件号码、生物识别信息、住址、电话号码、电子邮箱、健康信息、行踪信息等。

《中华人民共和国民法典》第一百一十一条规定，自然人的个人信息受法律保护。任何组织或者个人需要获取他人个人信息的，应当依法取得并确保信息安全，不得非法收集、使用、加工、传输他人个人信息，不得非法买卖、提供或者公开他人个人信息。

另外，为做好新冠肺炎疫情期间利用大数据联防联控工作和保护公民个人信息之间相平衡，中央网络安全和信息化委员会办公室还专门发布了《关于做好个人信息保护利用大数据支撑联防联控工作的通知》。

通知中指出，为疫情防控、疾病防治收集的个人信息，不得用于其他用途。任何单位和个人未经被收集者同意，不得公开姓名、年龄、身份证号码、电话号码、家庭住址等个人信息，因联防联控工作需要，且经过脱敏处理的除外。

法院审理后认为，本案虽处在新冠肺炎疫情这一特殊公共事件发生的非常时期，但被告未经相关权威机构授权及原告等名单当事人的同意，且明知侵犯相关当事人隐私的情况下，以"目前是非常时期，没有什么东西比安全和生命更重要""目的在于希望涉及的群众主动配合官方"为借口擅自将涉及原告姓名、家庭住址、身份证号码、手机号码等个人信息的案涉文章发布在公众平台，不但被公众大量浏览转载，还提供下载，造成了广泛的二次传播，致原告隐私严重泄露，情节恶劣。

法院认为，被告行为不但会导致原告个人信息被泄露并被广泛传播，为其人身、财产安全带来巨大安全隐患，还会在新冠肺炎疫情特殊时期造成社会公众恐慌，给原告的日常生活造成负面影响，严重影响原告的日常人际交往和正常生活。

最终，法院判决，疫情不是泄露个人信息的正当理由，对被告疫情大于一切的借口不予支持。原告要求被告在报纸和案涉微信公众号刊登发布书面道歉文章并赔偿精神损害赔偿金 1 万元的诉讼请求合理合法，因此法院予以支持。

随　感

　　突如其来的疫情必然会引起公众的关注，挑起人们紧张的神经。从这个角度来说，关注确诊病例的行踪和信息，从而判断自己是否有密切接触的可能，是人之常情。但随关注而来的，却不应该是对当事人隐私的侵犯、造谣、恶意攻击和辱骂。

　　或许，不少人存在这样的认知：我只是想提醒亲朋好友提高警惕，所以随手转发了那条包含隐私的信息，并不是刻意为之。但正是无数这样的"好心好意"，给被传播者带来无法预计的伤害。这种行为超出了法律边界，必须予以坚决抵制。

　　防控疫情需要大家守望相助，团结一心，切忌把我们的焦虑、紧张和不满，宣泄到他人尤其是病患者身上。每一个人都必须意识到，我们的敌人是病毒和疾病，而不是患病的同胞。

　　打着关注疫情的幌子，行网络暴力之实，不仅会破坏良好的社会氛围，更让人们对防疫工作产生疑虑。试想一下，当人们因为担心隐私泄露而消极应对流行病学调查时，风险的种子也随之埋下，随时可能引爆。

　　隐私的让渡是为更好地服务公共利益，而保护隐私，就是在保护我们自己。所以，我们在看到相关涉及公民个人信息的名单时，不能进行转载、传播，还要及时提醒亲戚朋友删除，避免二次传播给涉事公民造成更严重的侵害。

要让性骚扰者受到惩罚

现实生活中，许多人不同程度遭受过性骚扰，并因此承受了非常大的压力。对于那些无耻的性骚扰者，有没有惩罚他们的法律法规呢？

芳芳大学毕业后，找到了一份专业对口的社工工作。该公益组织的理事人仇某在业界颇为知名，被称为"明星社工"，他长得高大壮实，外表堂堂，给人以正派的印象。

新入职的芳芳对这位前辈非常尊敬和崇拜。但仇某在芳芳心中的形象，因为一次肮脏的拥抱，彻底崩塌。

那一天，芳芳疲惫不堪正打算回宿舍休息时，遇到了仇某。寒暄几句，聊了聊工作，两人礼节性地拥抱了一下。

"那个时候整个团队都有礼貌拥抱的习惯，彼此鼓励，从没有越界的行为，所以我没想那么多。"短暂拥抱几秒后，芳芳准备松开手，发现仇某并没有放开的意思。

芳芳拍了拍仇某的肩膀，说了声"好了好了"，但对方依旧没有移开双手，并继续抚摸芳芳身体其他部位。芳芳开始慌乱起来，宿舍只有他们两个人，空气中弥漫着紧张的味道。

最后，芳芳趁仇某放松，一把推开他，迅速回到房间将房门反锁。备受侮辱的芳芳，努力控制住颤抖的身体，给仇某发去消息，怒斥其行为。仇某只回了轻飘飘的三个字：对不起。

地位的悬殊，让芳芳深知自己没有以卵击石的莽撞勇气，她只有选择沉默与隐忍。然而，每每回忆起那个肮脏的拥抱和仇某若无其事的表情，万般酸楚涌上心头，时而哭泣时而愤恨。

反复的情绪到达临界点，在一次与朋友阿珍的倾诉中彻底爆发。阿珍和芳芳是同事，工作关系让两人成为好友。在参加阿珍组织的一次活动时，芳芳忍不住将此事告诉给了阿珍。

"永远不要怀疑你的判断，仇某就是这样的人。"阿珍的回答让芳芳感到诧异，更让她感到震惊的是阿珍之后的讲述：仇某曾多次对她性侵。阿珍说，她不是没想过报警，考虑到仇某的身份与父母的崩溃，她也选择了沉默。

这次谈心，让阿珍和芳芳决定起诉仇某。《中华人民共和国妇女权益保障法》第四十条规定，禁止对妇女实施性骚扰。受害妇女有权向单位和有关机关投诉。

《中华人民共和国妇女权益保障法》第五十八条规定，违反本法规定，对妇女实施性骚扰或者家庭暴力，构成违反治安管理行为的，受害人可以提请公安机关对违法行为人依法给予行政处罚，也可以依法向人民法院提起民事诉讼。

《中华人民共和国民法典》第一千零一十条规定，违背他人意愿，以言语、文字、图像、肢体行为等方式对他人实施性骚扰的，受害人有权依法请求行为人承担民事责任。机关、企业、学校等单位应当采取合理的预防、受理投诉、调查处置等措施，防止和制止利用职权、从属关系等实施性骚扰。

经过法院长达三年的漫长审理，最终判决仇某在媒体上向芳芳刊登道歉声明。不过，由于时间太久，证据不足，阿珍的诉讼请求没有得到支持。

值得注意的是，法院两次判定仇某败诉，令仇某当面以口头或书面方式赔礼道歉，仇某依然继续提起上诉，认为其行为不构成"性骚扰"。而曾经的同事，有多人出庭为仇某作证。在他们看来，不过是拥抱的尺度大了一些而已。

法律界定的性骚扰，是指违背他人意愿，以含有淫秽色情内容或者性要求的语言、文字、图像、电子信息、肢体行为等方式骚扰他人的行为。在仇某拥抱而被芳芳叫停的情况下，仇某还继续上下其手，显然属于性骚扰。

这一案件之所以历时这么久，说明关于禁止性骚扰还需要继续普法。经历漫长的维权过程之后，芳芳想告诉有着相似经历的人，遭遇侵害后首先不要自责，更要勇敢地站出来。

随 感

职场性骚扰，一直是一个隐秘的存在。曾经遭受过职场性骚扰的女性，以职场新人为主。因为刚刚入职，没有任何人脉，同时，由于一些人对性骚扰的界定模糊，即使女性说出来，也不一定能获得支持，反而可能让人评头论足，于是很多女性选择了隐忍。

性骚扰给很多人带来了伤害、烦恼、痛苦。向性骚扰说"不"，需要更多被骚扰者打破沉默，拿起法律武器积极维权。可以向所在单位投诉反映，也可以依法向法院提起诉讼。如果事发时证据确凿，还可以立即报警。

当然，性骚扰真正通过诉讼而获胜的案件还很少，究其原因无非是原告在向法庭举证时会遇到比较大的困难。因此，职场女性遭遇性骚扰时，要主动及时地在合法的前提下运用多种手段取证。

CHAPTER 5

物 权

疫情期间可征用个人财产

防疫期间一些单位和个人通过网络渠道购买的口罩被截流征用，可能有些网友会疑惑，征用个人或单位物资是否有相关的法律依据呢？

王某龙、冯某玉夫妻以资金周转为由，向朋友金某发借款 100 万元，双方约定借款月利率 20‰，借款期限 6 个月。后来，因为王某龙、冯某玉没有按期限还款，于是金某发起诉至法院。

经调解，双方自愿达成调解协议。但是，王某龙、冯某玉依然没有按调解书确定的期限履行还款义务，于是金某发向法院申请强制执行，依法扣押了王某龙所有的重型罐式半挂牵引车一辆。

此后，王某龙夫妻相继还了 40 余万元，还有 50 多万元没有还上。新冠肺炎疫情暴发后，王某龙接到疫情防控指挥部采购防疫酒精的委托，于是向法院申请解除车辆扣押，让罐车进行酒精运输。

《中华人民共和国宪法》第十三条第三款明确规定，国家为了公共利益的需要，可以依照法律规定对公民的私有财产实行征收或者征用并给予补偿。

根据《中华人民共和国民法典》第二百四十五条的相关规定，因抢险救灾、疫情防控等紧急需要，依照法律规定的权限和程序可以征用组织、个人的不动产或者动产。

《中华人民共和国传染病防治法》第四十五条第一款规定，传染病暴发、流行时，根据传染病疫情控制的需要，国务院有权在全国范围或者跨省、自治区、直辖市范围内，县级以上地方人民政府有权在本行政区域内紧急调集人员或者调用储备物资，临时征用房屋、交通工具以及相关设施、设备。

鉴于疫情防控的严峻形势，法院与疫情防控指挥部核实情况后，立即决定特事特办。为了能够让该酒精罐车早日驶上战"疫"一线，执行员迅速启动网上办案模式，经过多次与双方沟通协调，促成双方达成了执行和解协议。申请执行人金某发同意解除对罐车的扣押，全力支持保障疫情防控工作。

| 随 感 |

本案扣押的车辆是专业运输酒精车辆，若在平时只是正常的执行措施，但是在突发新冠肺炎疫情的特殊时期，该车辆已经转化为特种设备，根据法律规定，可以被临时征用。

为了全力抗击新冠肺炎疫情，防止疫情扩散蔓延，维护人民群众的生命安全和身体健康，人民法院疫情防控协作意识强，对案件涉及承担疫情防控任务的单位人员和设备，特事特办，迅速启动网上办案新模式，为支持打赢疫情防控阻击战提供了有力的司法保障和优质的法律服务，贡献了法院智慧和力量。

善意取得也能得到产权

现实生活中，可能与我们交易的人并非商品真正的主人。在这种情况下如果产生纠纷，我们还能取得拥有商品的所有权吗？

高某峰与郑某林经协商决定共同合伙，在城区经营练歌城，合伙协议约定：练歌城由高某峰、郑某林各出资 5 万元作为合伙资金，工商、税务等部门的相应证照均由郑某林负责办理，双方共同经营，盈利共享，亏损共担。

不久，郑某林即以个人名义到工商、税务、文化、消防部门办理了经营练歌城需要的相关证照。半年后，因经营不善，练歌城出现了严重亏损，高、郑二人产生了矛盾。

郑某林趁高某峰外出办事之际，将练歌城两套豪华音响设备以 3 万元的价格卖给林某德。郑某林称自己是练歌城的老板，并向林某德出示了工商、税务等部门颁发的证照作为证明。林某德对此深信不疑，当日付清价款后搬走了两套音响设备。

两天后高某峰回来得知此事，拿出合伙协议找到林某德，称他所买的两套音响设备系自己与郑某林共有，郑某林无权单独处分，要求林某德返还音响设备。

三人几次协商未果，高某峰诉至法院。根据《中华人民共和国民法典》第三百一十一条的相关规定，无处分权人将不动产或者动产转让给受让人的，所有权人有权追回；除法律另有规定外，符合下列情形的，受让人取得该不动产或者动产的所有权：（一）受让人受让该不动产或者动产时是善意；（二）以合理的价格转让；（三）转让的不动产或者动产依照法律规定应当登记的已经登记，不需要登记的已经交付给受让人。受让人依据前款规定取得不动产或者动产的所有权的，原所有权人有权向无处分权人请求损害赔偿。

最终，法院判定这两套音响设备归林某德所有。因为音响设备属于动产，而且练歌城是高某峰、郑某林合伙出资的，音响设备也是二人的共有财产。

虽然说郑某林没有权利独自处分这两套音响设备，但是因为郑某林是将音响设备以对价的交易方式卖给林某德的，林某德是善意取得，符合法律规定，因此有权拥有两套音响设备。当然，高某峰也有权向郑某林请求损害赔偿。

▏随 感▕

善意取得，又称即时取得，指无权处分人将动产或不动产处分给他人，善意受让人依法取得该动产或不动产的所有权或其他物权。由此可见，善意取得制度是一种非传统物权变动下获得所有权的制度，适用于动产、不动产、其他担保物权。

善意取得制度的本质是牺牲真正权利人的财产权利，以保证善意受让人取得所有权和其他物权，旨在协调所有权的维护与交易便捷，力争达致"静"与"动"的均衡。

"善意"如何认定呢？受让人受让不动产或者动产时，不知道转让人无处分权，且无重大过失的，应当认定受让人为善意。真实权利人主张受让人不构成善意的，应当承担举证证明责任。

捡到物品不能恶意占有

日常生活中，我们可能会捡到别人不小心遗失的物品。这些东西我们可以据为己有吗？如果失主上门索要，我们可以不还吗？

一天中午，谢某宏在家休息的时候，突然从家中阳台的窗户处飞入一只小鸟，仔细一看，原来是一只绿色的小鹦鹉。家中飞来吉祥鸟，谢某宏欣喜万分。

不过，谢某宏没有养过鹦鹉，不知道飞来的鹦鹉是什么品种，更不知道怎么饲养。他通过网络查询，了解到这是一只金刚鹦鹉，于是加入了一个养鹦鹉的群，称自己捡到一只鹦鹉，并发送了自己捡到的鹦鹉照片，向群友询问养鹦鹉的知识。

谢某宏没有想到，他的信息一发出，群里随即有人回复，称这只鹦鹉是他朋友丢失的，鹦鹉的脚脖上标有脚环号，并请求谢某宏把这只鹦鹉归还失主。看到这条信息，谢某宏不但不理睬，而且还将这名网友踢出了好友名单。

事发第二天，鹦鹉失主李某云以丢失鹦鹉为由，向当地公安机关报案。在警方帮助下，李某云查询到了谢某宏的家庭住址，随即和朋友来到谢某宏家中，要求返回鹦鹉。

因谢某宏拒不承认捡到鹦鹉，李某云无奈之下，将谢某宏起诉到法院，要求他返还鹦鹉，若不能返还则赔偿经济损失 5 万元。为证明自己丢失的是一只名贵的鹦鹉，李某云当庭出示了证据。还提交了自己在家中所拍摄的鹦鹉照片，及谢某宏上传到群中的鹦鹉照片，证明谢某宏所捡到的鹦鹉正是自己丢失的那只。

《中华人民共和国民法典》第三百一十四条规定，拾得遗失物，应当返还权利人。拾得人应当及时通知权利人领取，或者送交公安等有关部门。

《中华人民共和国民法典》第三百一十六条规定，拾得人在遗失物送交有关部门前，有关部门在遗失物被领取前，应当妥善保管遗失物。因故意或者重大过失致使遗失物毁损、灭失的，应当承担民事责任。

因谢某宏拾得他人走失的鹦鹉，属无权占有，应及时返还失主或者交付公安机关。而谢某宏不但未积极寻找失主或将之交付公安机关，且在李某云等人找到他，请求返还鹦鹉时，拒不承认拾得鹦鹉，谢某宏的行为构成恶意占有。

谢某宏又辩称，鹦鹉已经飞走了，无法返还。对于谢某宏前后不一的说法，法院不予采信。法院最终判决：谢某宏拾得李某云走失的鹦鹉，依法应当归还。如无法返还鹦鹉，应当赔偿因此给李某云造成的财产损失5万元。

随　感

拾金不昧是我们中华民族的优良传统和美德，是被全社会所公认的，无论社会时代怎样变化，拾金不昧的行为都应该要继承和发扬下去。

拾得遗失物，应当返还权利人。拾得人应当及时通知权利人领取，或者送交公安等有关部门。在拾得遗失物后，千万不能因贪图小便宜而将其占为己有，否则可能会构成犯罪或者需承担相关的民事责任。

我丢的手表为什么给别人

生活中，有些物品在遗失后可能又会经过多次转手，或者被公开拍卖。在这种情况下，物品的原主人还有权追回自己遗失的物品吗？

石富贵与朋友在酒店聚餐时，不慎将自己佩戴的一块价值8万元的名牌手表丢失。此后，他认为不可能再找回，也就没有在意。该表被酒店服务员拾得后交给了当地的公安机关，公安机关发布了失物招领公告，可是一年过去了，也无人认领。

《中华人民共和国民法典》第三百一十八条规定，遗失物自发布招领公告之日起一年内无人认领的，归国家所有。于是公安机关按照有关法律规定将手表交给拍卖行进行了拍卖，一个名叫白友德的人买下该手表，成为手表的新主人。

两年后，白友德游泳时，将手表放在了更衣室，被小偷常顺寿拿走了。常顺寿又将手表以500元的价格卖给了他的朋友艾小利，但是艾小利并不知道这块手表是常顺寿盗窃所得。

后来常顺寿被公安机关抓获，在审讯中，常顺寿供述了其盗窃上述手表并出售的事实。公安机关于是要求艾小利将手表交出，并发布了认领公告。

公告期内，白友德和石富贵先后前来认领。公安机关根据白友德当时的报案记录、常顺寿的供述等线索确定该手表的失主为白友德，便让白友德将该表领走。但石富贵提出他是该手表的真正所有权人，并出示了购买发票。艾小利此时也提出该手表是自己花钱买来的，要求拥有该手表。

石富贵、白友德、艾小利三方为此争执不下，石富贵和艾小利均起诉至法院，要求确认各自对该手表的所有权。

根据《中华人民共和国民法典》第三百一十一条规定，无处分权人将不动产或者动产转让给受让人的，所有权人有权追回；除法律另有规定外，符合下列情形的，受让人取得该不动产或者动产的所有权：（一）受让人受让该不动产或者动产时是善意；（二）以合理的价格转让；（三）转让的不动产或者动产依照法律规定应当登记的已经登记，不需要登记的已经交付给受让人。受让人依据前款规定取得不动产或者动产的所有权的，原所有权人有权向无处分权人请求损害赔偿。

《中华人民共和国民法典》第三百一十二条规定，所有权人或者其他权利人有权追回遗失物。该遗失物通过转让被他人占有的，权利人有权向无处分权人请求损害赔偿，或者自知道或者应当知道受让人之日起二年内向受让人请求返还原物；但是，受让人通过拍卖或者向具有经营资格的经营者购得该遗失物的，权利人请求返还原物时应当支付受让人所付的费用。权利人向受让人支付所付费用后，有权向无处分权人追偿。

法院审理认为，石富贵虽然有购物发票，但是在遗失物规定期限内没有认领手表，手表已经归国家所有，因此无权追回手表。白友德因为拍卖取得手表所有权，并且认领手表时没有超出规定期限，有权取得手表。而艾小利在购买手表时，价格明显不合理，不符合善意取得的法律规定，也没有手表的所有权。最终，法院判定，白友德是手表合法的主人。

| 随　感 |

❖

在生活中，我们有些时候因为马虎，导致东西丢失。这个时候，不要慌张，我们可以认真回忆当天去过的所有地方，排除掉不可能掉东西的地方，依次列出最有可能掉东西的地方，按可能性大小顺序回去找。

如果是在商场、超市、饭店这些地方丢了东西，务必联系工作人员说明情况，因为很有可能有客人捡到你的东西已经交给了工作人员，或者工作人员捡到后会放置在服务台。在短时间内寻回可能性比较高。

在火车站、地铁站等地，一定要保护好自己的东西，一旦丢失很难寻回。但地铁站、火车站失物招领处的物件也十分多，有时候也可以去那里看看。实在是贵重的东西，还可以求助警察，选择报警处理。如果看到失物招领启事，要及时认领，不要像案例中的石富贵那样，过了招领期，后悔莫及。

预告登记预防一房多卖

一房多卖的问题在现实生活中时有发生。但是房子只有一套，最后只能给一个人交付房产和办理过户手续，其余买家就会遭受损失。那么，这种一房多卖现象是违法行为吗？

何某庆与王某菲夫妇以 60 万元的价格在本地中心地段购置了一套商品房。后来，因为工作原因要调离本地，决定将房子卖掉，但是一直未找到合适的买主。

郑某磊早有买房的打算，也曾经看过何某庆夫妇购置的那一套房子，但因为当时资金不足，房子最终被何某庆夫妇买去。现在听说何某庆夫妇要卖房，于是找到王某菲，提出用 55 万元的价格买下。王某菲不同意，双方经过协商，最终决定以 60 万元的价格成交，郑某磊先付一半钱，办完过户手续后再付另一半。

第二天，郑某磊送来 30 万元。王某菲将钥匙交给郑某磊，但因产权证是何某庆和王某菲的名字，王某菲提出待丈夫出差回来，再办理产权过户登记。郑某磊担心王某菲在所有权转移前将房屋再行出卖，于是办理了预告登记。

几个月后，何某庆从外地出差归来。这时因为当地房价有所上涨，何某庆找到郑某磊，要求增加 8 万元价款才能去办理过户登记手续，郑某磊没有同意。

不久，何某庆又以68万元的价格，将房子卖给了刘某杰，并办理了登记过户手续。刘某杰找到郑某磊要求他搬走，郑某磊不同意，于是双方诉诸法院。

《中华人民共和国民法典》第二百二十一条第一款规定，当事人签订买卖房屋的协议或者签订其他不动产物权的协议，为保障将来实现物权，按照约定可以向登记机构申请预告登记。预告登记后，未经预告登记的权利人同意，处分该不动产的，不发生物权效力。

预告登记的效力在于使买受人获得对所签房或不动产的优先购买权，即其他买受人或者抵押权人等，都不能对已经完成预告登记的买受人主张权利。

法院审理认为，郑某磊已经办理了预告登记，即获得对该房的优先购买权。何某庆夫妻必须按约在收到购房余款的情况下将房屋过户给郑某磊，同时协助郑某磊办理房屋转让登记手续。当然，刘某杰可以向出卖人何某庆主张违约责任。

｜随　感｜

安居乐业是人类的共同理想，房屋对我们的意义不言而喻。在商品房预售中，如果房地产商背弃信义，一物多卖，购房者一般处于弱者地位。虽然我们可以追索房地产商的违约责任，但是，我们需要的是房屋所有权，而不是简单的赔偿。

在这种情况下，预告登记制度对于我们购房者具有重大意义。办理预告登记后，就保障了权利人独自请求房产过户的权利，排除其他人办理房产过户，可以在一房多卖的竞争关系中胜出。

如果预告登记后，有案外人与卖家产生纠纷，申请司法机关查封房子，也可以根据法律规定，向执行法院提出执行异议，请求解除法院的查封。

另外，办理预告登记以后，未经预告登记权利人的同意，房产无法再行办理抵押登记，即便违法办理了抵押登记，也不发生物权效力。那么这时候，就可以有效防止购买的被房产抵押。

通过立法规定不动产预告登记制度可以为我们购房者提供获得所购房屋的法律预期，不仅保护了不动产交易的安全，而且更好地推动了房地产业的发展和我国经济的发展。

发包土地需要集体同意

我国农村实行的是土地承包制度。村委会与承包人签订合同的时候，需要征求全体村民的同意吗？如果没有召开村民会议征求村民意见，这份合同有效吗？

村民周某是种地能手，外出打工几年后，想回村专心种地。他看中了邻村的一片荒地，于是与邻村的村委会签订了一份土地承包合同，约定承包邻村的 15 亩荒地，承包期限为 20 年。

合同签订后，周某对承包的荒地进行了重新规范和整理，种上了果树，树下还种了蔬菜。为了便于灌溉，周某还在承包的土地上打了一眼深井。

正在周某准备大干一番的时候，邻村村委会进行了换届选举。新村委会以原村委会与周某所签订的土地承包合同没有召开村民大会，违反民主议定原则为由，要将周某所承包的土地收回。

根据《中华人民共和国民法典》第三百三十七条的规定，承包期内发包人不得收回承包地。法律另有规定的，依照其规定。因此，周某不同意归还土地，在协商无果的情况下，将村委会告上法庭，要求确认合同有效，被告继续履行合同。

根据《中华人民共和国民法典》第二百六十一条的相关规定，农民集体所有的不动产和动产，属于本集体成员集体所有。下列事项应当依照法定程序经本集体成员决定：（一）土地承包方案以及将土地发包给本集体以外的组织或者个人承包；（二）个别土地承包经营权人之间承包地的调整；（三）土地补偿费等费用的使用、分配办法；（四）集体出资的企业的所有权变动等事项；（五）法律规定的其他事项。

法院审理认为，原告周某与原村委会之间签订了土地承包合同，土地仍在承包期内，但是村属的土地发包给集体以外的个人时，需要集体成员决定，所以现村委会有权收回承包给周某的土地，但应予以相应的赔偿。

| 随 感 |

✦

案例中，原村委会不经过村民集体成员决定，即将集体土地承包出去，是违背村民自治基本原则的。村民自治，简而言之就是广大农民群众直接行使民主权利，依法办理自己的事情，创造自己的幸福生活，实行自我管理、自我教育、自我服务的一项基本社会政治制度。

凡涉及村民利益的重要事项，如乡统筹的收缴方法，村提留的收缴和使用，享受误工补贴的人数及补贴标准，村集体经济所得收入的使用，村办学校、村建道路等公益事业的经费筹集方案，村集体经济项目的立项、承包方案及村公益事业的建设承包方案，村民的承包方案，宅基地的使用方案等，都应提请村民会议或村民代表会议讨论，按多数人的意见作出决定。

拒不执行裁决被罚款

人民法院是代表国家行使审判权的唯一机关，判决和裁定一经生效，就具有法律强制力。如果有人拒不执行法院裁决，会受到什么处罚呢？

林某强与刘某先是一个村的村民，两个人因为土地承包经营权的问题产生了纠纷。林某强告到了法院，法院审理后判决：被告刘某先于判决生效之日起至当季农作物收获后三日内，将占有原告林某强的相关土地返还给原告。

判决生效后，被执行人刘某先没有主动履行。申请执行人林某强向法院申请强制执行。法院立案执行后，依法向被执行人发出执行通知书、传票等法律文书，被执行人仍未主动履行。

执行人员依法向被执行人刘某先调查，刘某先称涉案土地上有棵枇杷树，希望能多保留两个月再行交付。申请人表示同意。

可是，两个月后，被执行人刘某先拒绝交付涉案土地，法院先后三次到被执行人家中，被执行人均未出现，躲避法院执行。

于是，法院再次前往被执行人住所地，通过张贴执行公告的形式要求被执行人立即退还土地，并向他的家人释明拒不履行的法律后果，他的家人表示愿意督促被执行人交出土地。

过了一段时间，执行人员再次来到被执行人刘某先家中，经查访后发现刘某先躲藏在家中，执行人员迅速控制刘某先，向其释明法律规定，督促刘某先主动履行，刘某先仍拒不履行，执行人员当场出示拘传票实施拘传。

刘某先见状扬言要上吊自杀并取出农药瓶以死抗拒执行，同行的法警立即夺下了他手中的农药瓶。刘某先乘机对法警实施了推搡、抓撕等行为，造成法警的手腕、手背等部位被抓伤，在被拘传至警车内时，他还不断吐口水阻碍执行，又在极力对抗中造成警车把手被拉坏，态度十分嚣张。

《中华人民共和国刑法》第三百一十三条第一款规定，对人民法院的判决、裁定有能力执行而拒不执行，情节严重的，处三年以下有期徒刑、拘役或者罚金；情节特别严重的，处三年以上七年以下有期徒刑，并处罚金。

考虑到刘某先已 70 多岁，法院依法对刘某先抗拒执行行为作出罚款2000 元的处罚决定。面对罚款决定，经过执行人员释法明理，刘某先冷静下来后认识到自己的错误，在其亲友的陪同下亲自书写并向法院提交了悔过书，缴纳了 2000 元的罚款，并依法协助申请人交付土地完毕，本案执行完毕。

┃随　感┃

在实践中被执行人拒不执行法院判决、裁定的行为经常出现。被执行人拒不执行判决的，申请人可以申请强制执行，如果拒不执行构成犯罪的，可追究刑事责任。

本案中，法院考虑到被执行人年事已高，在强制执行时坚持刚柔并济，既积极对被执行人释法明理，又能在面对被执行人抗拒执行行为时，充分运用强制手段对被执行人实施惩戒，最终成功敦促被执行人履行，有力彰显了法院执行的权威，维护了法律的尊严。

进城落户也能继承老房子

　　随着时代发展，越来越多的人进入城市安家落户。那么，这一部分人还能继承家乡父母的房子和宅基地的使用权吗？

　　郑宇强与郑宇华是亲兄弟，均为某村村民。后来，郑宇华因为上了大学，毕业后在城市定居生活并改为了城镇户籍。父母去世后，留下了三间房屋和一处院落。

　　在对父母留下的房产进行分割时，兄弟两个产生了分歧。郑宇强认为弟弟户口已经不在村里，没有资格用村里的宅基地，也就不能继承父母留下的房子。郑宇华沟通无效，于是告上法庭。

　　郑宇华有权继承村里的房产、使用对应的宅基地吗？《中华人民共和国土地管理法》第九条中规定，宅基地和自留地、自留山，属于农民集体所有。《中华人民共和国土地管理法》第六十二条第一款规定，农村村民一户只能拥有一处宅基地，其宅基地的面积不得超过省、自治区、直辖市规定的标准。因此，在一般情况下，村民以外的人是不能取得宅基地使用权的，但是郑宇华属于一种特殊的情况。

　　《中华人民共和国民法典》第一千一百二十二条第一款规定，遗产是自然人死亡时遗留的个人合法财产。宅基地虽然属于农村集体所有，但是在宅基地上建造的房子是属于公民的合法财产，当然可以作为遗产依法予以继承。最终，法院判定，郑宇华依法享有父母房屋的继承权。

随 感

✦

宅基地使用权，城市户口的子女虽然没有资格取得，但房屋所有权都可以继承。这就导致了宅基地使用权和房屋所有权主体不一致。

实践中，为了解决矛盾，在农村宅基地使用权确权登记的时候，对于城市子女因继承取得农村房屋所有权的情形，也对宅基地使用权进行确权登记。但要注明，该权利人为本农民集体原成员住宅的合法继承人。

这意味着，所谓确权登记只是为了解决房屋所有权继承问题，并不是说城市户口也可以取得农村宅基地使用权资格。一旦房屋坍塌，房屋所有权灭失，宅基地使用权要由集体无偿收回。

在这样的情况下，如果说未来想要继承自己父母留在农村的老房子，就需要好好地维修老家的住宅，不要让房子成为年久失修的危房。否则，老家就会成为我们回不去的乡愁！

居住权可以对抗所有权

现实生活中，一些人因为各种原因，可能会得到房子的居住权。如果房主去世，这个居住权还有效吗？房主的继承人能不能收回房子呢？

孙大伯丧偶多年，一直没有再结婚，仅有一个儿子孙小刚。孙大伯退休后的二十多年，一直由保姆刘某红照顾。由于刘某红在当地没有自己的住房，孙大伯为了感谢刘某红的悉心照顾，就一直在考虑去世后刘某红的居住问题。

在咨询相关法律人士后，孙大伯与刘某红签订了《房屋居住权设立合同》，并进行了居住权登记。双方共同约定：刘某红对孙大伯自己所有的房屋无偿享有居住权，直到刘某红去世。

孙大伯去世后，孙小刚根据法定程序办理了房屋产权证，并要求刘某红立即搬走，但是刘某红拒不搬离。于是孙小刚起诉到法院，要求刘某红立即迁出案涉房屋并承担案件诉讼费用。

法院经审理认为：案件双方的争议焦点为刘某红对案涉房屋是否享有居住权。《中华人民共和国民法典》第三百六十六条规定，居住权人有权按照合同约定，对他人的住宅享有占有、使用的用益物权，以满足生活居住的需要。

根据法律规定，只要孙大伯与刘某红之间的《房屋居住权设立合同》不具有违背社会公序良俗、欺诈、胁迫等可能导致合同无效或者撤销的效力瑕疵，在依法申请居住权登记后，刘某红就享有了居住权。即便孙大伯去世后，孙小刚通过继承成为房屋新的所有权人，刘某红仍然有权居住直到去世。最终，法院驳回孙小刚的诉讼请求。

｜随　感｜

❖

本案是一起典型的居住权与所有权冲突而引发的纠纷。居住权属于用益物权，物权为对物全面支配的权利，直接设定于物之上，权利的实现无需他人的积极作为，权利人之外的任何人仅负消极的不侵犯物权义务，属于绝对权。

为贯彻党中央作出的加快建立多主体供给、多渠道保障住房制度的部署，顺应人民群众"住有所居"的现实需求，民法典增加规定居住权这一新类型用益物权。

居住权制度进入民法典后，按照法律规定要件设立，并经登记公示的居住权具有对抗任何第三人的法律效力，实现了其物权属性对当事人利益的强大保护功能。

需要注意的是，民法典规定的居住权制度在居住权合同形式和内容、居住权设立方式、居住权权利限制等方面均有严格规范的要求，对于该项用益物权的取得、享有和保护，要严格按照民法典的相关规定执行。

房产抵押需要登记才有效

在生活中，我们经常发生一些急需要资金或者资金短缺的事件，对于这种情况大多数人采取的都是将房屋进行抵押，那么抵押合同是否一定要登记呢？

李大林向好友金伟成借款，并手写了一份承诺书，内容是："李大林借金伟成人民币肆拾伍万元整，双方协商同意于某年某月某日前一次性还给金伟成。其间，李大林自愿同意将本人名下一套房产作为借款抵押物，如在还款日前还不清此借款，李大林同意将本人名下某房产无条件过户给金伟成，作为借款偿还物。"

借款到期后，金伟成向李大林多次催要，李大林不仅没有履行债务，还说自己根本没有向金伟成借过钱，欠条是假的，金伟成是在勒索自己。金伟成无奈，只好将李大林起诉至法院。

法院审理认为，合法的民间借贷关系受法律保护。李大林与金伟成之间的借款合同关系系双方当事人真实意思表示，未违反法律法规的强制性规定，应予认定合法有效。金伟成要求被告李大林偿还借款的请求，证据充分、于法有据，予以支持。

关于承诺书中李大林抵押的房产，根据《中华人民共和国民法典》第三百九十五条规定，债务人或者第三人有权处分的建筑物可以抵押。根据《中华人民共和国民法典》第四百条规定，设立抵押权，当事人应当采用书面形式订立抵押合同。根据《中华人民共和国民法典》第四百零二条规定，以建筑物抵押的，应当办理抵押登记。抵押权自登记时设立。

　　显而易见，李大林虽然在承诺书中承诺用房产作抵押，但由于双方没有办理抵押登记，所以抵押权根本就没有设立。没有生效的抵押合同，不具备约束力，法律当然不予保护。因此，法院没有支持金伟成关于李大林房产抵押的诉求。

｜随　感｜

❖

　　按道理来说，助人为乐是良好的道德品质，但凡能借钱的，都应该是朋友或亲戚关系。但是，如果盲目做好人，往往适得其反，正如案例中的这一对朋友。所以，借钱给别人之前要先掂量一下对方平时是否诚信。

　　有诚信的人，即便他一时穷困，只要他努力工作、一心向上，在关键的时候也值得冒险助他一臂之力。没有诚信的人，尽量不要和他打钱的交道。把钱借给老赖，不是自讨苦吃吗？

质押物不是想卖就能卖

日常生活中，为了借钱，我们可能会将自己的某些物品质押给对方。在质押期间，如果对方私自将质押物卖出，这违反法律吗？

有一天，张青向李同借款2万元，提出可用一套价值6万元的进口高档音响作为抵押，并承诺到第二年一月一日一次还本付息。于是，李同与张青签订书面质押借款合同。

合同签订当日，李同将2万元现金交付给了张青，同时张青将音响交付给了李同。可是，还没有到第二年的一月一日，李同就急需用钱，而此时张青无钱归还。

李同觉得张青不归还欠款，耽误了自己用钱，自己就有权将质押的音响处理掉，以解燃眉之急。张青当然不同意，于是便将李同告到了法院。

《中华人民共和国民法典》第四百三十一条规定，质权人在质权存续期间，未经出质人同意，擅自使用、处分质押财产，造成出质人损害的，应当承担赔偿责任。

法院审理认为，双方质押借款合同约定张青于第二年一月一日一次还本付息，因为还没有到合同约定时间，李同未经张青的同意，不能直接将音响归为自己所有并且进行变卖。如果李同私自变卖，必须承担赔偿责任。

质押是指债务人或第三人将其特定财产移交给债权人占有、作为债权的担保，在债务人不履行债务时，债权人有权依法以该财产折价或拍卖、变卖该财产的价金优先受偿的物权。该财产称为"质物"，提供财产的人称为"出质人"，享有质权的人称为"质权人"。

质权人依照质押合同有权占有质物，这是法律赋予质权人的权利，与此同时，法律也规定了质权人负有妥善保管质物的义务。

质物虽然归质权人占有，但其所有权还是出质人的，在质权人占有质物期间，因质权人未尽妥善保管义务致使质物灭失或毁损的，是对出质人的质物所有权的侵害，质权人应当承担民事责任。民事责任包括恢复原状、赔偿损失等。

质权人虽然对质物享有质权，但不妨碍出质人向质权人请求承担质物保管不善的民事责任，该请求权是基于所有权保护而产生的。如果质权人不能妥善保管质物可能致使其灭失或者毁损的，出质人得知后，可以要求质权人将质物提存，或者要求提前清偿债权而返还质物。

自觉保护老人住房权益

很多人认为父母的房子将来都是自己的，因此父母在世的时候就想方设法弄到自己名下。在这种情况下，父母可以向子女要回属于自己的房产吗？

华大妈的丈夫孙某某去世得早。丈夫去世后，她没有再嫁，一个人含辛茹苦将儿子小强抚养成人。小强成家后，将家里所有的旧屋拆除重建，并把其中的两间给年迈的母亲居住。

几年后，华大妈家的房屋及所在的宅基地被规划为高铁新区道路项目征收范围。在签订房屋征收补偿协议时，小强擅自将母亲居住的房屋和所有的宅基地都记录在了自己名下，把原本属于母亲的补偿款据为己有。

由于平时小强不是很孝顺，华大妈又没有多少积蓄，花钱很不方便，就要求儿子将自己应得的补偿款还给自己。小强不但不给，还对母亲破口大骂。

华大妈一怒之下，向法院起诉，请求法院判令儿子小强归还自己应得的房屋、土地的补偿款。

《中华人民共和国民法典》第二百零七条规定，国家、集体、私人的物权和其他权利人的物权受法律平等保护，任何组织或者个人不得侵犯。《中华人民共和国民法典》第二百三十五条规定，无权占有不动产或者动产的，权利人可以请求返还原物。

《中华人民共和国老年人权益保障法》第十六条第二款规定，老年人自有的或者承租的住房，子女或者其他亲属不得侵占，不得擅自改变产权关系或者租赁关系。

法院审理查明，涉案房屋和宅基地的真正主人都是华大妈，而华大妈并未实际获得房屋和土地的补偿款。法院查验核实房屋征收补偿协议及房屋征收清单具体内容后，判令被告小强返还老人应得的征收补偿款。

｜随　感｜

孝敬老人是中华民族的传统美德，可是在现实生活中，却经常有小强这样的不肖子孙，不仅不懂得孝敬老人，还千方百计算计老人的合法财产。

房屋是老年人重要的财产，也是老年人安身立命的根本。成年子女及亲属应当保障老年人能够妥善居住，不得以骗取、强行索取、窃取等方式侵犯老年人的住房权益。

人民法院在查明住房产权归属的基础上，保障了老年人基于房屋产权而获得征收补偿的权利，对于维护老年人住房权益的权属内涵具有代表意义。

房屋拆迁要依法行事

　　近年来，因集体土地征收、地上房屋拆迁而引发的纠纷持续高发。如果自己的房屋不在政府拆迁范围，却被强制拆除，可以要求赔偿吗？

　　因为市政公路建设的需要，某区政府作出《房屋征收决定》，并予以公告。居民王某国的房屋临近征收区域，不过并没有列入征收的范围，因此也没有找王某国协商拆迁补偿的事情。

　　可是，在房屋拆迁工作进入具体实施阶段后，王某国的房屋却被强制拆除。王某国立即报警，民警到达现场后看到现场聚集的人员正在实施搬迁。

　　为了保护自己的合法利益，王某国起诉至法院，请求确认某区政府对其房屋实施拆除的具体行政行为违法，并给予自己赔偿。诉讼中查明，王某国房屋所在的土地被市政公路建设占用。

　　法院一审判决确认某区政府拆除王某国房屋的行为违法。某区政府不服提起上诉。

　　根据《中华人民共和国土地管理法》第四十七条第一款的规定，国家征收土地的，依照法定程序批准后，由县级以上地方人民政府予以公告并组织实施。根据《国有土地上房屋征收与补偿条例》第四条的规定，市、县级人民政府负责本行政区域的房屋征收与补偿工作。市、县级人民政府确定的房屋征收部门组织实施本行政区域的房屋征收与补偿工作。

法院二审认为，根据《中华人民共和国土地管理法》《国有土地上房屋征收与补偿条例》的相关规定，市、县级人民政府及其职能部门承担农村集体土地和国有土地上房屋征收、实施职权。

在没有主体对强拆行为负责的情况下，法院应当根据职权法定原则及举证责任作出认定或推定。

被诉强制拆除房屋行为发生前，王某国没有与征收人达成补偿安置协议，也没有证据证明征收人已经作出书面征收决定或限期拆除决定，所以被诉强拆行为属于事实行为。

涉案项目是某区政府根据公共利益需要并依照相关规定进行征收，虽然该区域内协议签订主体为村委会与各被征收人，但房屋征收决定由某区政府作出，王某国房屋的强制拆除行为与征收行为具有高度关联性。在某区政府无法举证证明非其所为的情况下，可以推定其实施或委托实施了被诉强拆行为并承担相应责任。

王某国的案涉房屋及房屋所占用集体土地均未经有权机关依法征收，且王某国也没有获得相应安置补偿，一审确认某区政府拆除案涉房屋行为违法，并无不当。二审判决驳回上诉，维持原判。

| 随　感 |

❖

根据法律规定，市、县级人民政府承担农村集体土地征收和国有土地上房屋征收职权。在无行政主体对强拆行为负责的情况下，人民法院应当根据职权法定原则及举证责任作出认定或推定，而不能拒绝裁判。

案涉房屋虽然不在某区政府房屋征收决定确定的征收范围内，但实际被征收所涉项目占用，某区政府是房屋被强制拆除后的受益主体。在其不能举证证明是其他主体所为的情况下，可以推定其实施或委托他人实施了被诉强拆行为，应由其承担相应责任。

CHAPTER 6

合　同

订单提交成功即合同成立

网络购物成为现代人日常生活的一部分，因此而产生的纠纷也很常见。有的时候，买家已经提交了订单，却又被卖家取消。这种情况下，卖家应该承担责任吗？

又到了一年一度的促销节，电商纷纷抛出各种优惠活动。小姚在某家网络平台上看到一件心仪已久的运动鞋在搞限时促销活动，活动规则写的是 11 月 11 日 0 时开始促销，只要在开始半个小时内下单，即可享受三折优惠。

于是小姚一直熬到 11 月 11 日 0 时打开网页，一波操作后在 0 时 15 分下了单，并且付款成功，之后小姚便期待着收到新鞋。

但是第三天，小姚被告知，由于该商品太火爆，目前处于缺货状态，需要 14 天之后才能发货。小姚认为符合常理，便表示理解，同意了店家的请求。

可是又过了几天，小姚发现自己的订单被莫名其妙地取消了。虽然先前支付的货款已经全额退回到账户中，但是自己却没有接到任何告知订单取消的消息，而且自己为了下单熬夜付出，商家连句道歉的话都没有，这让小姚十分气愤。

小姚找到卖家进行沟通，卖家却说已经将小姚的货款全部退还，自己没有责任，然后就不再理睬小姚。小姚一怒之下，将卖家告上了法庭，要求卖家提供相应商品。

《中华人民共和国民法典》第四百九十一条规定，当事人采用信件、数据电文等形式订立合同要求签订确认书的，签订确认书时合同成立。当事人一方通过互联网等信息网络发布的商品或者服务信息符合要约条件的，对方选择该商品或者服务并提交订单成功时合同成立，但是当事人另有约定的除外。

按照法律规定，小姚已经提交订单成功，就意味着合同已经成立，网店存在违约行为。最终，通过法院和网络平台调解，该网店将小姚订购的商品进行了交付，同时为自己的过错做了道歉。

| 随 感 |

在双方没有另行约定的情况下，网上购物合同成立的时间即是提交订单成功的时间。

案例中，小姚在提交订单成功后，他与卖家签订的买卖合同已经成立。在这个买卖合同里，小姚的义务是付款，卖家的义务是按时发货。卖家没有发货，单方取消订单的行为违反了合同约定，属于违约行为，小姚有权向卖家主张违约责任。

格式合同重要条款要有说明

在平时的生活中，普通的消费者很可能在别人的"忽悠"下，稀里糊涂签下了一些对方拟定好的格式合同，将自己置于一种不利地位，最后吃亏上当。那么，这种格式合同有没有法律效力呢？

小高为了在公司能有更好的发展，想要提升自己的学历。于是，小高通过网络上某培训机构的广告，进入到该培训机构的网站，咨询课程学习事宜。

客服向小高介绍了自己的公司及课程设置，并针对小高的需求向他推荐了课程建议。其中，客服告诉小高，服务有效期是两年。小高觉得合适，便签下了课程购买合同。

可是，小高到了第 15 个月的时候，突然收到该培训机构的短信提示，他的课程还有 60 天到期，服务终止。小高便致电培训机构询问情况，这时客服回答他，课程的服务有效期是四个学期，并不是自然年。

由于合同都是长篇大论，小高当时并没有阅读合同便签了字，但是他清楚地记得客服说的是两年。小高认为客服存在销售误导，所以要求该培训机构退还自己报名费。

但是，培训机构客服又以合同中的退款条款拒绝退还。该合同退款约定：自签订合同起，7 日之内无责退款；30 天内退还所交费用的 80%；60 日内退还所交费用的 50%；逾期不予退还。小高见协商无果，便运用法律武器，维护自己的权益。

《中华人民共和国民法典》第四百九十六条规定，格式条款是当事人为了重复使用而预先拟定，并在订立合同时未与对方协商的条款。采用格式条款订立合同的，提供格式条款的一方应当遵循公平原则确定当事人之间的权利和义务，并采取合理的方式提示对方注意免除或者减轻其责任等与对方有重大利害关系的条款，按照对方的要求，对该条款予以说明。提供格式条款的一方未履行提示或者说明义务，致使对方没有注意或者理解与其有重大利害关系的条款的，对方可以主张该条款不成为合同的内容。

法院根据小高提供的证据，认为培训机构对于合同中的重要条款没有予以提醒说明，并且存在误导销售。最终，法院判决：培训机构退还小高30%的课程费用。

| 随 感 |

随着市场经济的发展，各行各业都在追求效率，力争以最少的投入获得最大的利润，现代的商业环境中交易高速进行，特别是在交易频繁的商品、服务、运输行业，不可能与个别的消费者逐一订立合同。

格式合同内容上的格式化、特定性精简了缔约的程序，适应了现代商业发展的要求。格式合同虽然具有节约交易时间、事先分配风险、降低经营成本等优点，但同时也存在诸多弊端。

由于格式合同限制了合同自由原则，格式合同的拟定方可以利用其优越的经济地位，制定有利于自己而不利于消费者的合同条款。在这样的背景下，《中华人民共和国民法典》中的相关规定，无疑是对消费者的有力保护。

不履行义务有权撤销赠与

在我们的生活中，有些没有子女的老年人为了晚年有人照顾，会与人签订附义务赠与合同。如果被赠与人没有按照约定履行义务，赠与能撤销吗？

李大爷和张大妈夫妇没有孩子，就领养了侄子小龙，并确立了领养关系。虽然夫妻两个对小龙关爱备至，但是小龙对养父母并不孝顺，只把他们当成"提款机"。

随着年龄越来越大，老夫妇俩担心养子小龙抛弃他们，于是要求他写下保证书，内容主要是：养父母将一套房屋无偿过户给养子，如果养子不尽赡养义务，养父母可将房屋产权收回。

拿到小龙的"保证书"后，夫妇俩将房屋产权办到小龙名下。可是，小龙并没有因此有所收敛，李大爷病重的时候，他甚至都不管不问。李大爷虽然非常伤心，但想到妻子将来无人照顾，就没有撤销赠与合同。

李大爷去世后，小龙更加肆无忌惮，不但不给张大妈生活费和医药费，而且打算将房子拿去办理抵押贷款，张大妈死活不同意，为此两个人发生了激烈的争吵。小龙的行为让张大妈彻底绝望，于是将小龙告上法庭，想要撤销赠与。

《中华人民共和国民法典》第六百六十一条规定，赠与可以附义务。赠与附义务的，受赠人应当按照约定履行义务。

根据《中华人民共和国民法典》第六百六十三条规定，受赠人有下列情形之一的，赠与人可以撤销赠与：（一）严重侵害赠与人或者赠与人近亲属的合法权益；（二）对赠与人有扶养义务而不履行；（三）不履行赠与合同约定的义务。赠与人的撤销权，自知道或者应当知道撤销事由之日起一年内行使。

法院根据李阿姨的诉讼请求和提供的证据，以及对于小龙的调查，依法判决：撤销赠与合同，将赠与小龙的房屋产权重新办到了张大妈的名下。

随 感

晚年生活的幸福基于必要的经济基础，过早草率地处置自己的财产，不利于保障晚年生活品质，存在一定的法律风险。

本案是典型的老年人附义务赠与纠纷案件。附义务赠与合同是指赠与人以受赠与人或第三人负担一定义务为条件的赠与合同，赠与附义务的，受赠人应当按照约定履行义务。

本案中原告将房产赠与被告，被告应当承担赡养老人的义务，但被告完全不履行义务，显然这一合同的目的无法实现。基于妥善照料安置老年人的需要，法院判决撤销赠与合同，有利于老人按照真实意愿和养老需求重新处分自己的财产，更好地实现老年人合法权益。

利息约定不能随心所欲

民间借贷是一种历史悠久、在世界范围内广泛存在的民间金融活动。如果签订借贷合同时，约定的利息太高，还不上，可以不还吗？

秦某因资金短缺，向尚某某借款 26 万元，并向尚某某出具签名的借条一份，内容为："借条，今借尚某某现金贰拾陆万元整，每月 10 日支付尚某某利息贰万元，如不按时支付，迟延一个月加罚息 5000 元，借款人秦某。×年×月×日"。

后来，秦某陆续向尚某某偿还借款 10 万元，但是由于秦某资金周转问题，剩余借款 16 万元一直没有偿还。尚某某多次催要无果，将秦某告上法庭。要求被告偿还借款 16 万元以及支付利息，并承担本案的诉讼费。

法院审理后认为，秦某向尚某某借款，并向原告尚某某出具其签名的借条一份，可以认定原、被告之间存在借款事实。

《中华人民共和国民法典》第六百七十一条规定，贷款人未按照约定的日期、数额提供借款，造成借款人损失的，应当赔偿损失。借款人未按照约定的日期、数额收取借款的，应当按照约定的日期、数额支付利息。

被告秦某借款后偿还借款 10 万元，对余下 16 万元借款仍须承担还款责任。原、被告在借款合同中约定每月支付利息 2 万元，对原告要求被告支付利息的请求，相关法律中作了如下规定。

《中华人民共和国民法典》第六百八十条第一款、第二款规定，禁止高利放贷，借款的利率不得违反国家有关规定。借款合同对支付利息没有约定的，视为没有利息。

《最高人民法院关于审理民间借贷案件适用法律若干问题的规定》第二十五条第一款规定，出借人请求借款人按照合同约定利率支付利息的，人民法院应予支持，但是双方约定的利率超过合同成立时一年期贷款市场报价利率四倍的除外。

《最高人民法院关于审理民间借贷案件适用法律若干问题的规定》第二十八条第一款规定，借贷双方对逾期利率有约定的，从其约定，但是以不超过合同成立时一年期贷款市场报价利率四倍为限。

从双方约定的利息情况来看，约定的利率明显高于银行同类贷款利率的四倍，所以对于高出部分，法院不予支持。被告支付利息的期限从借款日起至偿还全部借款之日止，利率按照同期银行规定的贷款利率的四倍计算。

最终法院判决：被告秦某于判决生效后十日内偿还原告尚某某借款16万元并支付利息，利率按照同期银行规定的贷款利率的四倍计算。本案诉讼费由被告秦某承担。

┃随 感┃

对于高利贷，我们并不陌生。尤其是近年来，由高利贷衍生出的针对学生群体的校园贷、针对中老年群体的套路贷以及互联网借款中的高利贷等，更是让人印象深刻。

以校园贷、套路贷为代表的高利贷，往往以放贷快、手续简单等条件为诱饵，通过散发广告、发微信朋友圈等方式招揽借贷客户，诱惑力可谓难挡。但往往给家庭、社会和个人都造成了难以挽回的痛苦和伤害，成为威胁社会安定和谐的不稳定因素。

我们要具有明辨是非的能力，不要轻易相信或者接受高利贷的各种优惠宣传和诱导，即使上当受骗，也要沉着应对，收集整理有关证据资料和数据，向公安机关和检察机关及时反馈和报警。

解除租房合同要有法可依

　　我们到外地工作发展，通常需要租房来解决居住的问题。对于租赁来的房屋，我们可以自行决定房屋的用途吗？如果房东不愿意出租了，可以随意解除合同吗？

　　小刘母子看中了某小区住宅楼里的一套出租房屋，并与房东顾太太进行了洽谈。小刘说自己租房的目的是用于自己和母亲居住，承租五年。

　　顾太太同意向小刘出租自己的房子，于是双方签订了租房合同。可是，有一次顾太太在上网时，忽然发现一个公司的地址竟然是自己家出租的房屋，电话也是出租房屋里的电话，而公司的法定代表人就是小刘的母亲。

　　顾太太非常生气，认为小刘私自将房屋商用，要求小刘母子搬走。小刘解释说自己只是在网上用了房屋的地址和电话，并没有真正用来办公，并且以已经签订合同为由拒绝搬走。如果顾太太一意孤行，必须退回租金并赔偿自己的损失。

　　顾太太见小刘母子不走，就以租户擅自将住宅改变为商用性质，违反合同约定为由，将小刘母子告上了法庭，要求与小刘母子解除合约，小刘母子即时搬走，并赔偿自己的损失。

　　顾太太有权要求小刘母子搬走吗？法院审理认为，根据《中华人民共和国民法典》第七百零九条规定，承租人应当按照约定的方法使用租赁物。《中华人民共和国民法典》第七百一十一条规定，承租人未按照约定的方法或者未根据租赁物的性质使用租赁物，致使租赁物受到损失的，出租人可以解除合同并请求赔偿损失。

法院查明，小刘承租房屋主要用于家庭生活居住，同时本人也在租赁房屋内通过网络和电话处理公司业务。房东顾太太没有证据证明小刘母子的公司除了小刘及其母亲外，尚有其他工作人员在租赁房屋内办公，也没有证据证明小刘母子的公司存在利用租赁房屋通过资讯手段处理公司业务以外其他经营环节。

根据查明的事实，小刘在双方无明确约定情况下，将诉争房屋地址公布在公司网络上，虽然有不妥的地方，但是不足以构成对出租房屋使用性质的根本改变。房东顾太太不能证明小刘根本违约，所以也就不享有法定的合同解除权，不能解除与小刘母子的合同。

最终，法院判定，小刘母子与顾太太的租房合同继续有效。小刘将房屋地址和电话从公司网络上删除，并向房东道歉。如果需要继续在公司网络中使用房屋地址和电话，可以与房东协商解决。

┃ 随 感 ┃

通常租赁合同中会约定租赁房屋的用途，如住宅用、商用、生产用等。承租人应根据合同规定，正确使用房屋，不得擅自改变房屋性质，更不得从事非法活动。

明确房屋用途有利于承租人按约履行合同。如果承租人需要改变用途或在承租房屋上添加新用途时，应征得出租人同意，并重新协商租金。

明确房屋用途可以限定承租人按照承租房屋的性能、用途正确使用该房屋。如果承租人违反约定造成房屋损坏的，应赔偿因此给出租人造成的损失。

房屋的不同使用方式，对其使用寿命和安全有重大影响，所以法律规定，承租人不经出租人同意，擅自改变房屋用途，如住宅用改为商用等，则出租方有权解除租赁合同，将出租房屋收回。

　　案例中，小刘母子的情况相对比较特殊，因为他们虽然也在住宅里办公，但是并没有真正改变房屋的使用性质，也不会对房屋产生更大的损害，因此不符合民法典中能够解除合同的相关规定，房东顾太太解约的诉求也得不到支持。

"恶意转租"合同无效

　　经常租房的人们可能会发现，越来越多的"二房东"替代了"原房主"的位置。那么，租房子的时候一定需要取得房东的同意吗？没有的话会造成什么样的后果呢？

　　黄小敏通过中介，找到一处房屋，并与"二房东"赵大宝签订了《房屋租赁合同书》，约定租该房屋三年，月租金为1600元，租金一年一交，押金为一个月租金。

　　在合同签订当日和次日，黄小敏先后分三笔，通过支付宝支付给赵大宝一年房租及押金。在租赁期内，黄小敏以原房主阿云的名义缴纳物业管理费、水电及公维金。

　　黄小敏知道房屋系赵大宝向阿云承租的，但是却不知道赵大宝已经拖欠房租、水电费、公摊水电费、物业费等费用达6个月，严重超过赵大宝与原房主钱阿姨在租赁合同上约定的期限，因此钱阿姨事实上有权提前解除合同。但是，在这种情况下赵大宝却仍然隐瞒承租人黄小敏关于该合同的有效性，存在恶意转租的嫌疑。

　　因为赵大宝拖欠租金和水电费等，钱阿姨向赵大宝发送了短信和微信，要求解除双方之间的租赁合同，并要求赵大宝搬离房屋。得知赵大宝已经将房屋转租给黄小敏后，钱阿姨又短信告知黄小敏，要求她搬离，否则就补交赵大宝欠的租金等费用。

然而，在黄小敏看来，自己租房是有合同的，也已经付过钱，是得到法律保护的，因此，拒绝腾房。钱阿姨发现黄小敏既不搬走，也不付钱，就报了警，并将黄小敏、赵大宝告上法庭。

《中华人民共和国民法典》第七百二十二条规定，承租人无正当理由未支付或者迟延支付租金的，出租人可以请求承租人在合理期限内支付；承租人逾期不支付的，出租人可以解除合同。

一审法院认为，钱阿姨系讼争房屋的所有权人，她与赵大宝就讼争房屋所签订的《房屋租赁合同书》系双方真实意思表示，是合法有效的合同。现因赵大宝拖欠租金及其他费用，构成违约，钱阿姨依合同约定行使合同解除权，符合法律规定。

而且，依照我国民法典的规定，钱阿姨已经向赵大宝发送短信及微信通知赵大宝解除合同，故钱阿姨与赵大宝签订的《房屋租赁合同书》已解除。依据钱阿姨和赵大宝签订的房屋租赁合约，因赵大宝在承租期间拖欠租金及其他费用，故钱阿姨可以不退还押金。

另外，《中华人民共和国民法典》第七百一十六条规定，承租人经出租人同意，可以将租赁物转租给第三人。承租人转租的，承租人与出租人之间的租赁合同继续有效；第三人造成租赁物损失的，承租人应当赔偿损失。承租人未经出租人同意转租的，出租人可以解除合同。

钱阿姨与赵大宝的房屋租赁合同中并未约定赵大宝享有转租的权利，赵大宝将讼争房屋转租给黄小敏也未告知钱阿姨，且在转租后即未再向钱阿姨支付租金，因此赵大宝是恶意转租，所以赵大宝与黄小敏签订的《房屋租赁合同书》无效。

据此，法院判决钱阿姨与赵大宝签订的《房屋租赁合同书》已解除，赵大宝与黄小敏签订的《房屋租赁合同书》无效。赵大宝与黄小敏应于判决生效之日起十日内，腾退讼争房屋给钱阿姨，并支付给钱阿姨房屋占有使用费。钱阿姨与赵大宝合同中约定的押金归钱阿姨所有。

黄小敏不服一审判决，提起上诉，要求驳回钱阿姨要求黄小敏支付占用费的诉讼请求。黄小敏认为自己是通过合法专业的第三方中介机构与赵大宝签订的房屋租赁合同，而且已经通过合法途径支付全部的租金，居住使用期间也足额缴纳物业管理费和公摊水电费用，无论从道义上还是从法理上都应该是合法合规的。

黄小敏始终认为，问题出在赵大宝身上，一审判决黄小敏与赵大宝一同承担占用费，明显损害了自己的利益，变相鼓励了不诚信行为，违背了保护守约方、善意方的司法政策。

中级人民法院经审理后认为，一审确认钱阿姨与赵大宝签订的《房屋租赁合同书》解除，是正确的，应予维持。黄小敏明知讼争房屋系赵大宝向钱阿姨承租的，但黄小敏承租行为未经钱阿姨同意，故黄小敏理应向钱阿姨支付讼争房屋的占有使用费。

随 感

对于想租房的人来说，一般不愿意遇到"二房东"，生怕一个不小心会上当受骗。可是就各地房屋租赁市场而言，"二房东"的存在非常普遍。所以，在租房的时候，一定要更加小心。

租房的时候，一定要查看"二房东"与原房主所签订的租赁合同。因为转租合同的终止日期不得超过原租赁合同规定的终止日期，否则，就会对承租人产生较大风险。

转租时，务必经过原房主的同意或承诺，否则是无效的。如果是部分转租，则要看原房主和"二房东"的租约，是否有限制不允许转租，如果没有限制，那么，便可与"二房东"签约。

　　与"二房东"私下签署协议时，一定要将合同条款细节写清楚，特别是对于租赁期间的水、电、煤气、有线电视、上网费用等的缴纳；将这些条款详细写清楚之后作为合同附件收好，日后一旦发生纠纷也能免去些许风险。同时，承租过程中注意保留收付款凭证等相关证据，以防日后发生不必要的纠纷。

私了协议不一定有效

私了协议在很多民间纠纷中很常见。那么，私了协议有法律效力吗？如果签订后一方反悔，可以撤销协议吗？

叶某某在码头从事集装箱的起重和装卸工作。一次，他正在干活的时候，被突然坠落的方钢砸中了身体，右腿和左上肢严重受伤，住院治疗了一年多才出院，鉴定构成六级工伤。

在支付叶某某 2 万元生活补助和 10 万元医疗费后，码头所属公司就工伤赔偿与叶某某签下了一份私了协议，内容是：公司再一次性给叶某某伤残补助金、工伤补助金等共计 10 万元，了断全部费用。

可是，在协议签订几个月后，叶某某向法院起诉，要求撤销这份协议。

"我是被迫签的，公司说不签就不给钱治。"叶某某表示，他出院后伤一直没好，现已感染骨髓炎，他担心一次性了断的钱不够治病，希望重新更改为保留与公司的劳动关系，使治疗有保障。

但是，叶某某的请求未获得法院的支持，于是他提起上诉。《中华人民共和国民法典》第一百四十七条规定，基于重大误解实施的民事法律行为，行为人有权请求人民法院或者仲裁机构予以撤销。

《中华人民共和国民法典》第一百四十八条规定，一方以欺诈手段，使对方在违背真实意思的情况下实施的民事法律行为，受欺诈方有权请求人民法院或者仲裁机构予以撤销。

《中华人民共和国民法典》第一百五十条规定，一方或者第三人以胁迫手段，使对方在违背真实意思的情况下实施的民事法律行为，受胁迫方有权请求人民法院或者仲裁机构予以撤销。

《中华人民共和国民法典》第一百五十一条规定，一方利用对方处于危困状态、缺乏判断能力等情形，致使民事法律行为成立时显失公平的，受损害方有权请求人民法院或者仲裁机构予以撤销。

根据我国法律规定，当事人之间的权利义务关系一旦发生纠纷，双方可平等自愿地协议解决，协议形式可以是书面、口头，或者法律规定的其他形式。

要使私下签订的这份协议有效，首先要保证签协议的人具有相应的民事行为能力，且是平等自愿签订，内容不能违反法律以及社会公共利益；其次，当事双方的意思表示要全面真实。这是签订协议的基本原则，否则，协议都有可能被认定无效或被撤销、变更。

法院二审认为，尽管法律规定六级工伤可一次性赔付，但必须由职工提出，这意味着解除劳动关系，但并无证据显示这个观点系叶某某提出。

虽然叶某某在协议上签了字，但法院认为叶某某明显不具备预估或确定伤情和损失的能力，对此存在重大误解，解除劳动关系并非他真实意思的表示。此外，私了协议赔的钱也低于国家标准，显失公平。法院最终判决这份私了协议无效，应予撤销。

｜随　感｜

"私了"是民间解决纠纷一种常见的方式，解决纠纷的效果好、成本低，同时还缓解了司法机关的压力。但并非所有的纠纷都可以"私了"解决，如强奸、盗窃、抢劫、非法持有或私藏枪支等案件就不能用"私了"的方式解决。

即便是可以"私了"的纠纷，双方所签的协议也应符合法律规定。为避免这种结果，签订协议时双方要将彼此的权利义务释明，尤其是一些单位，更不能乘人之危或者凭借自己的优势，诱导甚至迫使对方签协议，这样签下的私了协议不仅不受法律保护，单位方还要为此承担相应的责任后果。

物业有安全注意的义务

物业在人们的现实生活与工作中显得越来越重要，居住的小区、工作的单位、商业大厦写字楼等都有物业的影子。如果小区住户丢了车辆等财产，物业有责任吗？

何某辉是某小区的住户，交房的时候和小区物业签订了合同，租赁了楼下的两个摩托车位，并每月支付租金 200 元整。

有一天，何某辉发现自己停在车位上的一辆摩托车不见了，于是一边通知小区保安人员，一边向公安机关报案。辖区派出所对此案立案侦查，但是一直没有侦破。

何某辉认为小区物业也有责任，多次找物业讨要说法，可是物业认为自己已经尽到职责，摩托车丢失是何某辉自己的责任。何某辉多次沟通无果，于是将物业公司告上法庭。

原告何某辉起诉认为，按照原、被告双方的管理合约，被告负责小区的管理事务，职责包括保障治安及加强对车辆的进出管理。现由于被告未能对车辆履行足够的管理，导致原告摩托车失窃，被告应该承担赔偿责任。

被告物业公司辩称，原、被告之间成立的是车辆停放合同关系，不是保管合同关系，因此被告对原告的车辆只有一般的治安保障义务，没有保管义务。而且物业公司已经在小区的出口设立门岗，并实行 24 小时保安巡逻，履行了管理合约约定的保障治安、加强对车辆的进出及泊位管理的义务。且在公安机关侦破案件之前，不能仅根据原告的陈述就认定其摩托车是在小区内被盗的。因此，请求法院驳回原告的诉讼请求。

《中华人民共和国民法典》第九百四十二条规定，物业服务人应当按照约定和物业的使用性质，妥善维修、养护、清洁、绿化和经营管理物业服务区域内的业主共有部分，维护物业服务区域内的基本秩序，采取合理措施保护业主的人身、财产安全。对物业服务区域内违反有关治安、环保、消防等法律法规的行为，物业服务人应当及时采取合理措施制止、向有关行政主管部门报告并协助处理。

《物业管理条例》第三十五条规定，物业服务企业应当按照物业服务合同的约定，提供相应的服务。物业服务企业未能履行物业服务合同的约定，导致业主人身、财产安全受到损害的，应当依法承担相应的法律责任。

《物业管理条例》第四十六条规定，物业服务企业应当协助做好物业管理区域内的安全防范工作。发生安全事故时，物业服务企业在采取应急措施的同时，应当及时向有关行政管理部门报告，协助做好救助工作。物业服务企业雇请保安人员的，应当遵守国家有关规定。保安人员在维护物业管理区域内的公共秩序时，应当履行职责，不得侵害公民的合法权益。

经过法院审理认为，原告作为业主按月向被告交纳物业管理费，被告作为物业管理公司按政府规定的收费标准提供相应的物业管理服务，双方形成物业管理服务合同关系。

被告在履行物业管理服务合同时，对小区内的车辆等财产负有合理、谨慎的注意义务。被告虽配有值班、巡逻的保安人员，采取了一定的保安措施，但对出入的车辆并无进行登记等较为有效的管理，未尽其应负的注意义务，故对原告车辆的丢失负有一定的责任，应承担相应的民事赔偿。

原告自身没有妥善保管好自己的车辆，对此也有一定的责任。所以，原、被告双方责任各半，被告对此应承担 50% 的民事赔偿。

　　物业公司作为经营者自然也存在物业管理的问题，物业管理中有一个很重要的部分就是安全注意义务。安全注意义务的目的在于避免他人的人身、财产遭受损害，所以安全注意义务也是避免他人遭受损害的义务。

　　根据《物业管理条例》的相关规定，物业管理者应当协助做好物业管理区域内的安全防范工作，而安全防范工作就是安全注意义务。这里的安全注意义务包括人身安全与财产安全。如果物业管理者未按照规定或者约定履行安全防范义务，导致业主和物业使用者人身财产受到损害的，应承担相应的法律责任。

基础条件变化合同可解除

现实生活中，有些合同在签订以后，作为合同基础的客观事实却发生了根本性变化，再继续维持合同，会出现明显的不公平。在这种情况下，可以解除合同吗？

村民陈阿发与村民委员会签订了一份《草原承包合同书》，承包了属于村集体的 104 亩草原，期限为 30 年。可是，几年后，经行政主管部门批准，陈阿发承包的草原被划入国家城市湿地公园。

当地自然资源局对陈阿发所在的村委会下发了通知，要求村委会将包含湿地的发包合同解除、迁出承包户，恢复土地原始地貌，做好湿地环境保护。

村委会找到陈阿发协调，陈阿发以已经签订合同为由，拒绝迁出。村委会协商不成，于是诉至法院，要求解除《草原承包合同书》，陈阿发迁出湿地。

《中华人民共和国民法典》第五百三十三条第一款规定，合同成立后，合同的基础条件发生了当事人在订立合同时无法预见的、不属于商业风险的重大变化，继续履行合同对于当事人一方明显不公平的，受不利影响的当事人可以与对方重新协商；在合理期限内协商不成的，当事人可以请求人民法院或者仲裁机构变更或者解除合同。

法院审理认为，《草原承包合同书》合法有效，合同履行过程中，因案涉地块被划归为国家湿地公园范围，客观情况发生了当事人在订立合同时无法预见的、不属于商业风险的重大变化，合同目的不能实现，应予解除。村委会应将剩余期限的承包费退还给陈阿发。陈阿发需要迁出湿地，如果他因为迁出湿地受到损失，可以再另行主张。

| 随 感 |
✤

本案系草原承包合同纠纷。国家湿地公园以保护湿地生态系统、合理利用湿地资源、开展湿地宣传教育和科学研究为目的，按照有关规定予以保护和管理的特定区域，具有显著的生态、文化、美学和生物多样性价值。

根据《国家湿地公园管理办法》第十九条规定，禁止在湿地公园内擅自放牧、捕捞、取土、取水、排污、放生。陈阿发承包的草地被划入国家湿地公园范围，如果继续履行与村委会签订的合同，必然违反法律规定，破坏湿地及其生态功能。

法院在确认合同解除、村委会退还剩余承包费、陈阿发迁出湿地的同时，并提醒陈阿发可以就自己受到的损失提起诉讼，兼顾了当事人合法利益与生态环境保护的关系，非常有借鉴意义。

试用期后才签合同违反法律

许多人应聘时，老板往往会说，过了试用期才能签劳动合同。
那么，这是法律允许的吗？

陈大强是刚毕业的大学生，到一家公司应聘时，公司没有立即跟他签订劳动合同，而是签订另外一份协议，双方约定：陈大强三个月的试用期内，销售量能够达到公司员工平均水平时，才能与公司正式签订书面劳动合同。

在三个月的试用期内，陈大强虽然非常努力，但是销售业绩最终没有达到协议中的要求，公司因此让他立即走人，并拒绝给予任何补偿。陈大强想知道：公司的做法对不对？

一个学法律的同学告诉陈大强，公司这样做是违法的。根据《中华人民共和国劳动合同法》第十条规定，建立劳动关系，应当订立书面劳动合同。已建立劳动关系，未同时订立书面劳动合同的，应当自用工之日起一个月内订立书面劳动合同。用人单位与劳动者在用工前订立劳动合同的，劳动关系自用工之日起建立。

可见，只要用人单位与劳动者建立了劳动关系，就应当订立书面劳动合同，而不能附加其他任何条件。在同学的支持下，陈大强将公司告上了法庭，要求公司支付自己二倍工资。

法院审理认为，公司与陈大强约定把完成月销售量达到员工平均水平作为订立书面劳动合同的条件，这种先试用后签约的约定无疑是违法的，且明显违背法律强制性规定，该公司要承担相应的法律责任。

根据《中华人民共和国劳动合同法》第八十二条的规定，用人单位自用工之日起超过一个月不满一年未与劳动者订立书面劳动合同的，应当向劳动者每月支付二倍的工资。

显而易见，陈大强已进入公司工作三个月，而公司未在一个月内与陈大强订立书面劳动合同，陈大强有权要求支付未签书面劳动合同的二倍工资差额，即自入职之日满一个月的次日至离职之日期间的二倍工资差额。该案经法院审理，最终支持了陈大强要求公司支付二倍工资的请求。

｜随 感｜

在现实生活中，有些用人单位为了避免试用期人员的流动性太大，就和职工协商先实习较长一段时间，试用合格之后单位再与职工签订书面劳动合同，这样做肯定是违法的。

一般来说，用人单位应当从用工之日起就与劳动者建立劳动关系，也就是说，用人单位在实际用工那天起就应该和劳动者签订书面劳动合同，试用期包括在劳动期限之中，而不能采取"先试用后签合同"的做法。

如果已经建立了劳动关系而没有订立书面劳动合同的，法律规定应当自用工之日起一个月内订立书面劳动合同，这是强制性的规定。如果用人单位自用工之日起超过一个月不满一年未与劳动者订立书面劳动合同的，应向劳动者每月支付二倍工资。如果用人单位违反相关规定，劳动者可向当地劳动监察部门投诉，依法维护自身的合法权益。

公司必须为职工缴纳社保

社会保险是一种为丧失劳动能力、暂时失去劳动岗位或因健康原因造成损失的人口提供收入或补偿的一种社会和经济制度。公司必须为员工办理社保吗？如果员工自愿放弃，公司可以不为员工缴纳社保吗？

杨某海为农村户口，在一家鞋业公司上班。入职期间，公司要求他签署承诺书，放弃缴纳社会保险。

承诺书内容为："因自身原因拒绝提供缴纳社会保险所需要的一切材料，且自愿放弃办理社会保险，若日后出现医疗报销等社保纠纷时，自愿承担其后果，如有任何事情与公司无关"。

后来，杨某海从鞋业公司辞职，并将公司告上法院，提出因工作期间公司未为自己缴纳社会保险而被迫解除劳动合同，公司应依法支付经济补偿。而鞋业公司认为未缴纳社会保险是由于杨某海自己签署了承诺书。

根据《中华人民共和国劳动法》第三条规定，劳动者享受社会保险和福利的权利。《中华人民共和国劳动法》第七十二条中规定，用人单位和劳动者必须依法参加社会保险，缴纳社会保险费。

《中华人民共和国劳动法》第一百条规定，用人单位无故不缴纳社会保险费的，由劳动行政部门责令其限期缴纳；逾期不缴的，可以加收滞纳金。

法院审理认为，虽然杨某海本人书写承诺书放弃缴纳社会保险，但该约定违反国家关于社会保险的法律规定，应属无效。杨某海主张因某鞋业公司未缴纳社会保险而要求公司支付解除劳动合同经济补偿的诉讼请求，法院予以支持。

｜随　感｜

　　社会保险具有强制性，用人单位和劳动者必须依法参加社会保险。为职工办理社会保险是用人单位的法定义务，无论用人单位还是劳动者都不能随意处分这项权利义务。

　　现实生活中，即使劳动者自愿承诺放弃缴纳社会保险，但是因为违反法律法规的强制性规定，这种承诺也是无效的。劳动者以此为由解除劳动合同的，有权主张用人单位支付经济补偿金。

不能随意降低员工薪资

对员工而言，肯定是希望公司能够每年给自己增加工资，这样自己的收入才能够与社会不断上涨的物价看齐。但是有些人却遇到了公司降工资的情况，那么，公司能随意降低员工工资吗？降工资是合法的吗？

张大海在某网络公司从事网络销售工作，与企业在劳动合同中约定，月工资由基本工资 6000 元及业绩提成构成。

2020 年 2 月，由于疫情影响，张大海开始居家办公，而到了月底，公司发通知表示"受市场影响公司业务不饱和、居家办公无法记录考勤，决定自当月起将网络销售部门居家办公员工的月基本工资调整为 2000 元"。

张大海对此不认可，他表示自己居家办公工作反而更忙了，甚至休息日都需要忙工作。在多次向公司人力资源部门提出异议未果后，他向劳动人事争议仲裁委提出仲裁，要求支付工资差额。

张大海的这一提议得到了仲裁委的支持。《中华人民共和国劳动合同法》第三十条规定，用人单位应当按照劳动合同约定和国家规定，向劳动者及时足额支付劳动报酬。用人单位拖欠或者未足额支付劳动报酬的，劳动者可以依法向当地人民法院申请支付令，人民法院应当依法发出支付令。

单方降低工资实际上是单方变更劳动合同的行为，是一种严重违法、违约的行为。根据《中华人民共和国劳动法》第十七条第一款的相关规定，订立和变更劳动合同，应当遵循平等自愿、协商一致的原则，不得违反法律、行政法规的规定。

可见未经过双方协商的情况下，该公司单方降低劳动者工资的行为违反了变更劳动合同的基本原则，也违反了劳动合同中的约定。所以，用人单位不能无故单方降低劳动者的工资。

劳动合同自签订之日起对双方具有法律约束力，应当按照合同约定履行。《中华人民共和国劳动法》第十七条第二款规定，劳动合同依法订立即具有法律约束力，当事人必须履行劳动合同规定的义务。

既然双方当事人经过协商一致，在劳动合同中写明了每月工资。只要劳动者履行了劳动义务，该公司必须按劳动合同履行支付全部工资的义务。

| 随　感 |

公司单方降低工资属于公司单方变更劳动合同的行为，是一种违法、违约的行为。调整工资水平，必须建立在与劳动者协商并取得劳动者书面同意的基础上，否则，单方决定工资水平属于违反劳动法规定的行为。

本案中，网络公司受新冠肺炎疫情影响，安排张大海通过电话、网络等灵活的工作方式在家上班，应当视为其正常出勤上班。虽然受疫情影响，张大海个人的工作业绩可能出现下降，但因此受影响的应是其工资中的业绩提成部分，在未经协商一致的情况下，公司单方降低张大海的基本工资缺乏依据。

因为新冠肺炎疫情影响，部分用人单位可能会面临困境，应向员工说明情况，得到员工的理解和支持，通过协商一致降薪。如果强制通知决定员工集体降薪并不合法，必然会产生纠纷。同时，员工也应立足长远，积极与用人单位通过调整薪酬、轮岗轮休、缩短工时等方式稳定工作岗位，与用人单位同舟共济、共克时艰。

员工怀孕不是辞退理由

女人怀孕后，往往会成为"弱势群体"，很可能马上面临工作岗位的调整以及大幅度调减的薪水，甚至在产后也无法回到原有的工作岗位。公司可以辞退怀孕女工吗？

崔女士是高龄孕妇，通过试管婴儿技术怀孕，过程非常艰辛。怀孕早期因外出公干途中意外撞击了腹部，造成持续性腹痛，经生育中心医生检查后建议其在家休息两周保胎。

之后，崔女士重返工作岗位，可惜工作没几天崔女士又出现了先兆流产迹象，需要继续卧床休息。生育中心在病历卡上记录了崔女士的就诊情况，并建议崔女士继续卧床休息。

崔女士向公司出示了就诊记录，要求病假休息，却被公司调动到劳动强度非常大的岗位工作。崔女士不愿调动工作，公司立即出具了书面警告一份，以崔女士消极怠工、违反厂纪厂规给予一次书面警告的处分。

崔女士当即提出异议，公司又以崔女士无理取闹，严重扰乱了正常工作秩序为由，以通告形式决定给予崔女士解雇处分，并开具了辞退证明。

崔女士向劳动争议仲裁委员会申请仲裁，要求与被告恢复劳动关系且顺延至哺乳期满，并由公司支付其工资及缺额工资。

仲裁委员会裁决公司应与崔女士恢复劳动关系，继续履行原劳动合同，支付崔女士工资及缺额工资。

公司方不服裁决诉到法院。在法庭上，公司方诉称，公司根据事实，对崔女士所作的处分决定符合劳动法及员工守则的有关规定，并按程序送达，是合法有效的。现起诉要求不予支持恢复劳动关系的请求，不予支付崔女士工资及缺额工资。

崔女士辩称，公司不应该将自己调到劳动强度大的岗位，自己没有消极怠工、无理取闹。自己作为孕妇，是通过正当途径提出异议。公司方在其怀孕期间解除劳动合同不符合法律规定，故要求驳回公司方的诉讼请求。

《中华人民共和国劳动法》第六十一条规定，不得安排女职工在怀孕期间从事国家规定的第三级体力劳动强度的劳动和孕期禁忌从事的劳动。对怀孕七个月以上的女职工，不得安排其延长工作时间和夜班劳动。

《女职工劳动保护特别规定》第五条规定，用人单位不得因女职工怀孕、生育、哺乳降低其工资、予以辞退、与其解除劳动或者聘用合同。

法院认为：崔女士在工作期间虽有疏忽情况存在，但公司方未能提供崔女士无视公司规定、消极怠工、无理取闹的相关证据，更不应该随意将孕妇调到强度高的岗位。公司方解除与崔女士劳动关系依据不足，公司方应与崔女士恢复劳动关系，并支付崔女士相关的工资、缺额工资等。

┃随　感┃

✦

处于孕期、产期、哺乳期的女职工受到劳动法律的特别保护，应当给予更多的人文关怀。对于"三期"女职工，在履行劳动义务或者休假过程中，用人单位应当给予更多的提醒、关爱和宽容，比如病假单未及时提交的，应当多催告提醒，而不宜直接以旷工处理。

女职工应提高自身法律意识，了解《中华人民共和国劳动法》《中华人民共和国劳动合同法》《中华人民共和国妇女权益保障法》《女职工劳动保护特别规定》等法律法规的规定，做到知法懂法。如果遇到自身权益受损的情况，要及时留存证据，合法维权。

另外，女职工虽处于孕期、产期或哺乳期的特殊时期，仍应严格遵守劳动纪律和用人单位的规章制度，如确须休假，应按照用人单位的规章制度，及时履行请假手续，并留证备查。不然，严重违反规章制度，公司照样可以依法解除合同。

公司辞退员工要于法有据

　　现实生活中，很多人都可能遭遇过被公司辞退的情形。在这方面，法律有哪些相关规定呢？公司可以随意辞退员工吗？

　　赵某华通过应聘进入某物业公司服务处，双方签订了书面劳动合同，就工作地点、工作内容、工资标准等进行了约定。后来，因该物业公司调整赵某华工作岗位，双方发生争议。

　　于是，物业公司以赵某华未按照工作流程到新岗位报到，经催告仍不履行相关义务，严重违反了公司的规章制度为由将他除名。赵某华向劳动人事争议仲裁委员会申请仲裁，要求该物业公司支付违法解除劳动合同赔偿金、未休年休假工资等。

　　经过审议，仲裁委作出裁决，物业公司向赵某华支付违法解除劳动合同赔偿金，并驳回赵某华其他请求。

　　物业公司不服裁决，向法院提起诉讼。其理由为：赵某华系未按照工作流程报到，经催告仍不履行相关义务，严重违反了公司规章制度。物业公司依据规章制度明文规定将其除名系合法解除劳动合同，无须支付赵某华经济赔偿金。

　　法院经审理认为，按照法律、司法解释相关规定，物业公司应当就其主张的，赵某华系未按照工作流程报到，严重违反了公司规章制度承担举证责任。

根据《中华人民共和国劳动合同法》第四条的规定，用人单位应当依法建立和完善劳动规章制度，保障劳动者享有劳动权利、履行劳动义务。用人单位在制定、修改或者决定有关劳动报酬、工作时间、休息休假、劳动安全卫生、保险福利、职工培训、劳动纪律以及劳动定额管理等直接涉及劳动者切身利益的规章制度或者重大事项时，应当经职工代表大会或者全体职工讨论，提出方案和意见，与工会或者职工代表平等协商确定。在规章制度和重大事项决定实施过程中，工会或者职工认为不适当的，有权向用人单位提出，通过协商予以修改完善。用人单位应当将直接涉及劳动者切身利益的规章制度和重大事项决定公示，或者告知劳动者。

根据《中华人民共和国劳动合同法》第四十三条规定，用人单位单方解除劳动合同，应当事先将理由通知工会。用人单位违反法律、行政法规规定或者劳动合同约定的，工会有权要求用人单位纠正。用人单位应当研究工会的意见，并将处理结果书面通知工会。

物业公司虽然向法院提交了单方解除与赵某华劳动关系所依据的公司规章制度，但却不能证明这些规章制度是经过法定程序制定的，也不能证明曾经向赵某华告知过这些规章制度。所以，法院最终判决，物业公司单方面解除与赵某华劳动合同系违反法律规定，应当支付赵某华经济赔偿金。

随 感

❖

现实生活中，很多时候，用人单位不想使用这个员工，于是进行劝退，并要求员工自己写离职申请。这是违背劳动者意愿的，是明显的违法行为。

其实，被公司辞退后，员工不需要写离职申请。根据劳动法的规定，公司和员工协商一致，可以解除劳动合同。解除劳动合同的，公司要支付员工经济补偿金。

　　但是，如果是员工主动辞职的，公司是不需要支付经济补偿金的。所以，如果公司命令员工写离职申请，员工为了自己的权益，不要写离职申请，可以去劳动部门进行投诉。

交通事故后不要随便离开

汽车社会的快速到来，极大方便了人们的生活，但同时也带来了交通事故多发的现象。发生交通事故后，如果警察还没到现场司机就自行离开，会影响保险赔付吗？

李某龙在保险公司投保了机动车损失险。合同约定，驾驶人饮酒后使用被保险机动车或者事故发生后，被保险人或其允许的驾驶人在未依法采取措施的情况下，驾驶被保险机动车或遗弃被保险机动车逃离事故现场等情况不负赔偿责任。

有一天半夜，张某亮驾驶着李某龙的保险车辆出去吃夜宵，与王某刚驾驶的货车发生剐蹭。双方达成协议后，张某亮自行驾车离开了现场。

李某龙听说后，立即打电话向交通警察和保险公司报案。交警部门到达后，对现场进行了勘察，并找到了早已离开的张某亮。因为怀疑张某亮酒驾，交警要求他抽血检测。

经过检测，张某亮血液中的酒精含量为 123.5mg/100ml。根据国家质量监督检验检疫局发布的《车辆驾驶人员血液、呼气酒精含量阈值与检验》相关规定：车辆驾驶人员血液中的酒精含量大于或者等于 20mg/100mL、小于 80mg/100mL 的驾驶行为属于饮酒驾车；车辆驾驶人员血液中的酒精含量大于或者等于 80mg/100mL 的驾驶行为属于醉酒驾车。

根据抽血检测结果，张某亮涉嫌醉酒驾车。因此，保险公司根据机动车损失险合同规定，拒绝赔偿李某龙的损失。因此，李某龙将保险公司告上了法庭，请求判令保险公司赔偿车辆损失费。

在法庭上，张某亮辩称事故当天中午曾经饮酒，离开现场后又喝了酒，但是晚上并没有饮酒，因此自己没有酒驾。保险公司在没有确认自己酒驾的情况下，就拒绝赔偿是不合理的。

法院经审理认为，《中华人民共和国道路交通安全法》第七十条第一款规定，在道路上发生交通事故，车辆驾驶人应当立即停车，保护现场；造成人身伤亡的，车辆驾驶人应当立即抢救受伤人员，并迅速报告执勤的交通警察或者公安机关交通管理部门。因抢救受伤人员变动现场的，应当标明位置。乘车人、过往车辆驾驶人、过往行人应当予以协助。

张某亮在事故发生后无正当理由离开现场，导致事故发生时驾驶状态无法查证。在不能排除合理怀疑的情况下，结合张某亮当日行为表现，从民事诉讼的证明标准分析，"张某亮醉驾"这一待证事实具有高度可能性，保险公司不承担赔偿责任。

┃ 随 感 ┃

✦

交通事故发生后，造成人员伤亡或财产损失的，驾驶人应当保护现场并立即报警，不得离开事故现场。但发生生命垂危或者其他紧急情况需要及时救治时，离开现场就有了合理性和必要性。因为生命权高于财产权，如果不及时救助有可能危及生命，保险公司在此种情况下也不应苛求驾驶人。

但是，这并不等于一旦驾驶人遭受任何伤害或者感觉遭受伤害，就可以自行离开现场。因未经警察现场处理，无法确认驾驶人当时是否有酒驾或吸毒等情形，故如驾驶人无正当理由自行离开现场，在免责条款生效的情况下，将发生保险责任免除的法律后果。

　　酒驾、醉驾是导致机动车交通事故发生的重要原因，对道路交通安全具有极大危害性。随着对酒驾、醉驾打击力度不断加大，驾驶员在发生事故后，为逃避相应的行政责任或者刑事责任，会选择弃车逃离现场。

　　如果允许驾驶员在无合理理由的情况下擅自离开现场，在道路交通事故频发的现状下极易诱发道德风险，危害社会公共秩序。在此情况下，应当由驾驶员就其离开现场的必要性和合理性承担举证责任，以此鼓励规范驾驶行为。

恶意躲避执行成"老赖"

现实生活中，欠人钱财却赖着拒不履行法院判决的"老赖"行为，严重影响着社会的和谐稳定。对于这部分人，法律上有哪些处罚措施呢？

代某军为了做生意，从某吊装传动设备厂赊购了一批产品。可是，因为最终生意没有成功，代某军在支付了部分欠款后，就不再还款。设备厂几次派人催账都没有成功，最后将代某军告上了法庭。

经过法院判决，代某军应向某吊装传动设备厂支付货款 9000 元。但是代某军拒不履行义务，申请人向法院申请强制执行。本案执行标的并不大，但法院在查询时发现代某军的名下既没有银行存款，也没有车辆和房产，而且代某军一直不出面，恶意躲避执行。

根据《最高人民法院关于公布失信被执行人名单信息的若干规定》第一条规定，被执行人未履行生效法律文书确定的义务，并具有下列情形之一的，人民法院应当将其纳入失信被执行人名单，依法对其进行信用惩戒：（一）有履行能力而拒不履行生效法律文书确定义务的；（二）以伪造证据、暴力、威胁等方法妨碍、抗拒执行的；（三）以虚假诉讼、虚假仲裁或者以隐匿、转移财产等方法规避执行的；（四）违反财产报告制度的；（五）违反限制消费令的；（六）无正当理由拒不履行执行和解协议的。

根据《最高人民法院关于限制被执行人高消费及有关消费的若干规定》

第三条规定，被执行人为自然人的，被采取限制消费措施后，不得有以下高消费及非生活和工作必需的消费行为：（一）乘坐交通工具时，选择飞机、列车软卧、轮船二等以上舱位；（二）在星级以上宾馆、酒店、夜总会、高尔夫球场等场所进行高消费；（三）购买不动产或者新建、扩建、高档装修房屋；（四）租赁高档写字楼、宾馆、公寓等场所办公；（五）购买非经营必需车辆；（六）旅游、度假；（七）子女就读高收费私立学校；（八）支付高额保费购买保险理财产品；（九）乘坐 G 字头动车组列车全部座位、其他动车组列车一等以上座位等其他非生活和工作必需的消费行为。被执行人为单位的，被采取限制消费措施后，被执行人及其法定代表人、主要负责人、影响债务履行的直接责任人员、实际控制人不得实施前款规定的行为。

执行法院依法将代某军纳入失信被执行人名单，限制其高消费，并且在农贸市场的大屏上滚动播放其失信信息，曝光惩戒其失信行为。被执行人代某军为本地人，亲朋好友都在本地，农贸市场人来人往，影响非常大，代某军迫于压力，主动前往法院履行了自己的义务。

｜随　感｜

✤

本案执行标的并不大，但是代某军恶意躲避执行，符合纳入失信被执行人的条件。执行法院依法将代某军纳入失信被执行人名单后予以公开曝光，代某军迫于舆论压力主动履行了义务。

这也警示被执行人要积极主动履行生效法律文书确定的义务，一旦被法院纳入失信被执行人名单，不仅会影响个人征信记录，还会公开曝光，恐怕到时候即使主动履行了义务，对自己信誉产生的负面影响也不会立即消除。

拒服兵役纳入失信名单

　　服兵役是每个适龄青年应尽的义务，可是有些年轻人却甘当"逃兵"。对于这些拒服兵役的年轻人，国家法律有哪些相关的处罚措施呢？

　　"我是中国人民解放军军人，我宣誓：服从中国共产党的领导……"在某空军基地大院内，包括林某某在内的一百多名预定新兵进行了集体宣誓，场面非常隆重，标志着为期七天的新兵役前训练正式结束。

　　这些预定新兵是自愿报名参军的，在通过体检、政审、役前训练等征兵程序后就可以到军队正式服役了。在役前训练期间，林某某像其他新兵一样，在《依法服兵役承诺书》上，郑重地签下了自己的名字，按上了鲜红的手印。

　　在承诺书中，林某某表示要积极响应国家号召，志愿报名参军入伍，献身国防和军队建设事业，并承诺：自愿参军入伍，服从组织安排；不向组织隐瞒个人年龄、学历、身体、政治表现和家庭、社会关系等问题；不怕苦不怕累，严格训练严格要求，绝不违反部队纪律规定；安心部队服役，努力为家乡争光，绝不打"退堂鼓"；因个人思想问题被部队退回，自愿接受处罚。

　　可是，正式入伍后，面对部队严格的训练，新兵林某某把自己的承诺全忘记了。他怕苦怕累，思想波动较大，不愿受部队纪律约束，难以适应部队训练生活，并多次申请离开部队。

征兵办、地方领导及家属先后多次前往林某某所在部队，与林某某进行耐心的谈话，做教育引导工作，并积极和所在部队大队长、指导员、排长、班长等共同做其思想工作，但林某某思想始终未得到转化，仍然拒绝服兵役。

《中华人民共和国宪法》第五十五条规定，保卫祖国、抵抗侵略是中华人民共和国每一个公民的神圣职责。依照法律服兵役和参加民兵组织是中华人民共和国公民的光荣义务。

根据《中国人民解放军纪律条令（试行）》第一百七十条的规定，义务兵违反纪律，无正当理由，坚持要求提前退出现役，且经常拒不履行职责，经批评教育仍不改正的，应当除名。

经过林某某所在部队党委研究，决定对林某某作除名处理，并送回老家。根据《中华人民共和国兵役法》第五十七条规定，应征公民拒绝、逃避征集服现役的，由县级人民政府责令限期改正；逾期不改的，由县级人民政府强制其履行兵役义务，并处以罚款。拒不改正的，不得录用为公务员或者参照《中华人民共和国公务员法》管理的工作人员，不得招录、聘用为国有企业和事业单位工作人员，两年内不准出境或者升学复学，纳入履行国防义务严重失信主体名单实施联合惩戒。

《国务院关于建立完善守信联合激励和失信联合惩戒制度加快推进社会诚信建设的指导意见》中规定，对拒不履行国防义务，拒绝、逃避兵役等重点领域和严重失信行为实施联合惩戒。

林某某的行为严重影响了征兵工作正常秩序，为切实维护兵役制度的严肃性，巩固国防事业发展，警示教育全社会适龄应征青年，根据《中华人民共和国兵役法》《征兵工作条例》《解决入伍新兵拒服兵役问题暂行办法》《国务院关于建立完善守信联合激励和失信联合惩戒制度加快推进社会诚信建设的指导意见》等法律规定，经征兵工作领导小组研究，拒服兵役依法实施联合惩戒。

将林某某纳入履行国防义务严重失信主体名单，上传"信用中国"终端，向有关职能部门通报，实施失信联合惩戒。三年内不得办理含有其个人信息的企业登记业务和其他审批业务，三年内不得办理其个体登记注册。

在林某某户籍"兵役状况"栏备注"拒服兵役"相关信息。不得录用林某某为公务员或者参照公务员法管理的工作人员及临时聘用人员和劳务派遣人员。两年内不得为其办理出国（境）手续。两年内不得为林某某办理升(复)学手续，两年内暂停其专科以上学历报考资格。

取消林某某义务兵优待金，追回义务兵家庭优待金和其他入伍奖励金，按照义务兵家庭优待金三倍对其处以罚款。责成林某某及家庭承担征兵体格检查、政治考核和退兵过程中所产生的全部费用，收缴经费纳入新兵征集优待费和大学生入伍奖励经费。

将林某某拒服兵役行为及惩处结果向社会通报，并组织召开大会，将林某某拒服兵役被部队除名问题作为反面典型进行警示教育。

| 随 感 |

❖

依法服兵役是每个适龄青年应尽的义务。军队不仅可以锻炼一个人的体魄，更可以磨炼我们的意志力，塑造完整的人格，而且待遇也很不错。

当兵的岁月也许很辛苦，很累，但是许多退伍老兵都十分怀念自己的军旅生涯，足见军旅生涯的珍贵。

不过，军营不是讲特殊、讲个性的地方，有些人想着来军营里镀镀金，两年义务期满后，回家好安置工作。但是他们却受不了严明的纪律约束，受不了严格的体能训练，这样的人根本不适合当兵。

　　加强对拒服兵役人员的联合惩戒，切实形成震慑效应，在全社会树立依法征兵、依法服役的正确导向，对切实维护依法服兵役的严肃性、权威性具有重要意义。